本書の特長と使い方

本書は，各単元の最重要ポイントを確認し，基本的な問題を何度も繰り返して解くことを通して，中学理科の基礎を徹底的に固めることを目的として作られた問題集です。

1単元2ページの構成です。

ボクの一言ポイント も注目だよ！

数犬チャ太郎

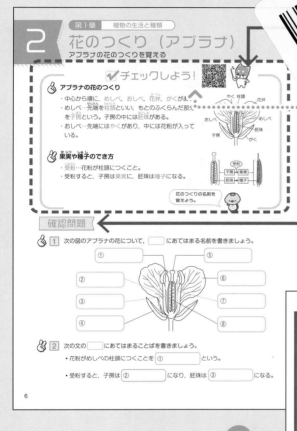

①

□チェック しよう！

□ 各単元の重要ポイントをまとめています。✌✌✌があり，その単元で覚えておくべきポイントを挙げています。

ここから解説動画が見られます。
くわしくは2ページへ

②

確認問題

□チェックしよう！を覚えられたか，確認する問題です。

☝などでまとめているポイントごとに確認することができます。

③

練習問題

いろいろなパターンで練習する問題です。つまずいたら，□チェックしよう！や 確認問題 に戻ろう！

ヒントを出したり，解説したりするよ！

かっぱ

④

↗ ステップアップ
少し発展的な問題です。

ここから重要知識を一問一答形式で確認できます。
くわしくは2ページへ

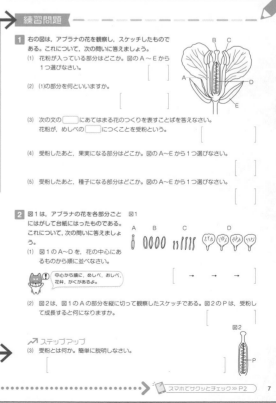

ITC コンテンツを活用しよう！

使い方はカンタン！

本書には，QRコードを読み取るだけで利用できる ICT コンテンツが充実しています。

▶ 解説動画を見よう

❶ 各ページの QR コードを読み取る

スマホでもタブレットでもOK！
PCからは下のURLからアクセスできるよ。
https://cds.chart.co.jp/books/vevx27n76x/sublist/001#2!

動画はフルカラーで理解しやすい内容になっています。

❷ 動画を見る！

速度調節や全画面表示もできます

スマホでサクッとチェック 一問一答で知識の整理

下のQRコードから，重要知識をクイズ形式で確認できます。

1回10問だから，スキマ時間にサクッと取り組める！

PCから https://cds.chart.co.jp/books/vevx27n76x/sublist/036#037

便利な使い方

ICTコンテンツが利用できるページをスマホなどのホーム画面に追加することで，毎回 QR コードを読みこまなくても起動できるようになります。くわしくは QRコードを読み取り，左上のメニューバー「≡」▶「ヘルプ」▶「便利な使い方」をご覧ください。

QR コードは株式会社デンソーウェーブの登録商標です。 内容は予告なしに変更する場合があります。
通信料はお客様のご負担となります。Wi-Fi 環境での利用をおすすめします。また，初回使用時は利用規約を必ずお読みいただき，同意いただいた上でご使用ください。
ICT とは，Information and Communication Technology（情報通信技術）の略です。

目 次

1 身近な生物の観察

顕微鏡の使い方を覚える

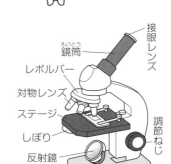

✔チェックしよう!

 顕微鏡の使い方

① 対物レンズを最も低倍率にして，視野全体が明るく見えるように，反射鏡としぼりを調節する。

② プレパラートをステージにのせ，横から見ながら，対物レンズとプレパラートを近づける。

③ 接眼レンズをのぞいて，対物レンズとプレパラートを遠ざけながらピントを合わせる。

接眼レンズ
鏡筒
レボルバー
対物レンズ
ステージ
しぼり
反射鏡
調節ねじ

 水中の小さな生物

ミジンコ　　ミカヅキモ　　ゾウリムシ　　ハネケイソウ

顕微鏡のレンズは接眼レンズ，対物レンズの順につけるんだ。

確認問題

 1 次の図の顕微鏡について，☐にあてはまる名前を書きましょう。

① ☐
② ☐
③ ☐
④ ☐
⑤ ☐
⑥ ☐
⑦ ☐
⑧ ☐

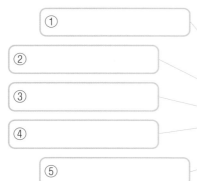

2 次の水中の小さな生物の名前を書きましょう。

① 　②

① ☐
② ☐

1 図1のような顕微鏡を用いて，水中の小さな生物を観察した。これについて，次の問いに答えましょう。

図1

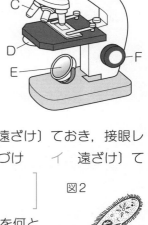

(1) 対物レンズは，はじめは低倍率，高倍率のどちらを使うとよいですか。　　　[　　　　　]

(2) 視野を明るくするために調節する部分はどこか。図1のA～Fから2つ選びなさい。　　　[　　　][　　　]

(3) 次の文の①，②から正しいものを選びなさい。
顕微鏡のピントを合わせるときには，横から見ながらプレパラートと対物レンズをできるだけ①〔ア　近づけ　　イ　遠ざけ〕ておき，接眼レンズをのぞきながら対物レンズとプレパラートを②〔ア　近づけ　　イ　遠ざけ〕ていく。
①[　　　]　②[　　　]

図2

(4) 図2は，観察で見られた水中の小さな生物である。この生物を何といいますか。　　　[　　　　　　　　]

↗ ステップアップ

(5) 図2の生物を観察したとき，接眼レンズが15倍，対物レンズが10倍であった。このとき，顕微鏡の倍率は何倍ですか。
[　　　　　倍]

↗ ステップアップ

2 次の問いに答えましょう。

顕微鏡の倍率は，「接眼レンズの倍率×対物レンズの倍率」だよ。

(1) ルーペの使い方として正しいものを，次から1つ選びなさい。

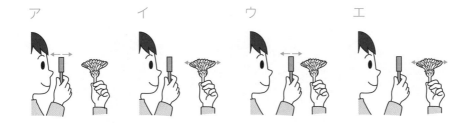

ア　　　　　イ　　　　　ウ　　　　　エ

[　　　]

(2) スケッチのしかたとして正しいものを，次から1つ選びなさい。
ア　細い線ではっきりかく。　　イ　影をつけて立体的にかく。
ウ　線を重ねがきする。　　　　エ　背景や周囲のものもかく。
[　　　]

2 花のつくり（アブラナ）

第1章 植物の生活と種類

アブラナの花のつくりを覚える

✔ チェックしよう！

 アブラナの花のつくり

・中心から順に，めしべ，おしべ，花弁，がくがある。

・めしべ…先端を柱頭といい，もとのふくらんだ部分を子房という。子房の中には胚珠がある。

・おしべ…先端にはやくがあり，中には花粉が入っている。

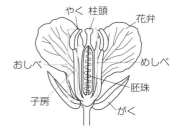

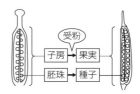 **果実や種子のでき方**

・受粉…花粉が柱頭につくこと。

・受粉すると，子房は果実に，胚珠は種子になる。

花のつくりの名前を覚えよう。

確認問題

 1 次の図のアブラナの花について，□□にあてはまる名前を書きましょう。

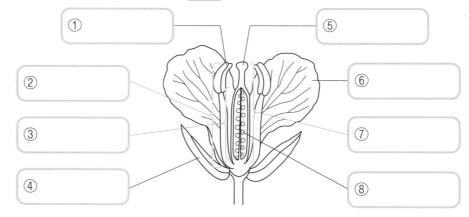

① ② ③ ④ ⑤ ⑥ ⑦ ⑧

 2 次の文の□□にあてはまることばを書きましょう。

・花粉がめしべの柱頭につくことを ① という。

・受粉すると，子房は ② になり，胚珠は ③ になる。

1 右の図は，アブラナの花を観察し，スケッチしたものである。これについて，次の問いに答えましょう。

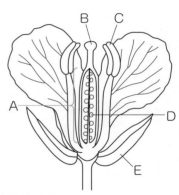

(1) 花粉が入っている部分はどこか。図のA〜Eから1つ選びなさい。

[　　　]

(2) (1)の部分を何といいますか。

[　　　　　　]

(3) 次の文の[　]にあてはまる花のつくりを表すことばを答えなさい。
花粉が，めしべの[　]につくことを受粉という。

[　　　　　　]

(4) 受粉したあと，果実になる部分はどこか。図のA〜Eから1つ選びなさい。

[　　　]

(5) 受粉したあと，種子になる部分はどこか。図のA〜Eから1つ選びなさい。

[　　　]

2 図1は，アブラナの花を各部分ごとにはがして台紙にはったものである。これについて，次の問いに答えましょう。

図1

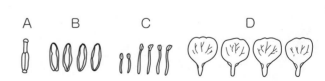

(1) 図1のA〜Dを，花の中心にあるものから順に並べなさい。

中心から順に，めしべ，おしべ，花弁，がくがあるよ。

[　　→　　→　　→　　]

(2) 図2は，図1のAの部分を縦に切って観察したスケッチである。図2のPは，受粉して成長すると何になりますか。

[　　　　　　]

図2

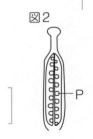

↗ ステップアップ

(3) 受粉とは何か。簡単に説明しなさい。

[　　　　　　]

3 花のつくり（マツ）
アブラナの花とのちがいをおさえる

✔チェックしよう！

 マツの花のつくり

・マツの花は，雌花と雄花に分かれていて，がくや花弁がない。

・雌花のりん片には子房がなく，胚珠がむき出しになっている。

・雄花には花粉のうがあり，中には花粉が入っている。

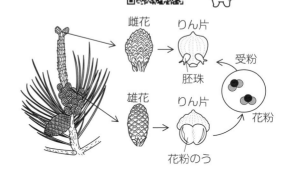

雌花　りん片　受粉　胚珠　花粉

雄花　りん片　花粉のう

 種子植物のなかま

・種子植物…花を咲かせ，種子をつくってなかまをふやす植物。

・被子植物…種子植物のうち，胚珠が子房に包まれている植物。

（例）アブラナ，エンドウ，ツツジなど。

・裸子植物…種子植物のうち，子房がなく，胚珠がむき出しになっている植物。

（例）マツ，スギ，イチョウなど。

 マツの花は子房がないんだ。

確認問題

 1 次の文の，□□□にあてはまることばを書きましょう。

・マツの花は ① □□□□□ と雄花に分かれている。

・マツの花には花弁やがくが ② □□□□□ 。

・マツの雌花には ③ □□□□□ がなく，④ □□□□□ がむき出しになっている。

・マツの雄花にある花粉が入っている部分を ⑤ □□□□□ という。

2 次の問いに答えましょう。

(1) 種子植物のうち，子房がなく，胚珠がむき出しになっている植物のなかまを何といいますか。

□□□□□□□

(2) 種子植物のうち，胚珠が子房に包まれている植物のなかまを何といいますか。

□□□□□□□

1 図1は，マツの花を観察し，スケッチしたものである。これについて，次の問いに答えましょう。

(1) 図1のX，Yのうち，雌花はどちらですか。

[　　　　　]

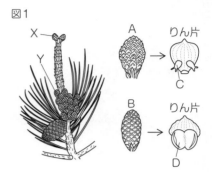

図1

(2) 図1のA，Bのうち，雄花はどちらですか。

[　　　　　]

(3) 図1のC，Dをそれぞれ何といいますか。

C [　　　　　]　　D [　　　　　]

(4) 図1のCは，受粉するとやがて何になりますか。

[　　　　　]

↗ ステップアップ

(5) 図2は，アブラナの花のつくりを表したものである。図1のDと同じはたらきをする部分はどこか。a〜eから1つ選びなさい。

[　　　　　]

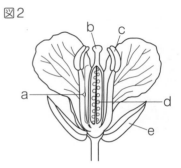

図2

アブラナの花のつくりとはたらきを思い出そう。

2 植物の分類について，次の問いに答えましょう。

(1) 花を咲かせ，種子をつくってなかまをふやす植物を何といいますか。

[　　　　　]

(2) 被子植物のなかまにふくまれるものを，次からすべて選びなさい。

ア　エンドウ　　　イ　スギ　　　ウ　イチョウ
エ　ツツジ　　　　オ　マツ

[　　　　　]

↗ ステップアップ

(3) 被子植物の花と比べて，裸子植物の花はどのようなつくりになっているか。花弁とがくがないこと以外で，簡単に説明しなさい。

[　　　　　]

4 根と茎のつくり
いろいろな根と茎のつくりを覚える

✔チェックしよう！

 根のつくり

・主根と側根…太い根（主根）から細い根（側根）
が枝分かれしている。

・ひげ根…太い根がなく，たくさんの細い根が
広がっている。

・根毛…根の先端にある細い毛のようなもの。

 茎のつくり

・道管…根から吸い上げられた水や水にとけた
養分が通る管。

・師管…葉でつくられた栄養分が通る管。

・維管束……道管と師管が集まって，束のよう
になった部分。輪のように並ぶものと，散ら
ばっているものがある。

〈根のつくり〉

主根　側根　　ひげ根

ホウセンカ，　　トウモロコシ，
アブラナなど。　イネなど。

〈茎の横断面〉

道管　師管　道管　師管

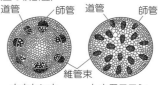

維管束

ホウセンカ，　　トウモロコシ，
アブラナなど。　イネなど。

根のつくりや葉の維管束のよう
すは，植物によってちがうよ。

確認問題

 1 次の図の根のつくりについて，□□にあてはまる名前を書きましょう。

① ②

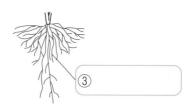

③

 2 根や茎のつくりについて，次の文の□□にあてはまることばを書きましょう。

・根の先端にある細い毛のようなものを ① という。

・根から吸い上げた水や水にとけた養分が通る管を ② ，

葉でできた栄養分が通る管を ③ という。

・②と③が集まって束のようになった部分を ④ という。

1 右の図は，X，Yの２種類の植物の根を観察し，スケッチ
したものである。これについて，次の問いに答えましょう。

(1) 図のaのような細い根を何といいますか。

[   ]

(2) 図のbのような太い根と，そこからのびたcのよう
な細い根を何といいますか。

b[   ] c[   ]

(3) トウモロコシの根は，X，Yどちらのつくりになっていますか。 [   ]

↗ ステップアップ

(4) 細い根の先端近くをよく観察すると，細い毛のようなものがたくさん生えていた。根
の先端に，このような細い毛のようなものがたくさんあることで，どのような利点が
あるか。簡単に説明しなさい。

[   ]

細い毛のようなものは，土の間のすきまに入りこむよ。

2 右の図は，ある植物の茎の横断面を観察したときのスケッチであ
る。これについて，次の問いに答えましょう。

(1) A，Bの管をそれぞれ何といいますか。

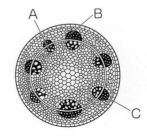

A[   ] B[   ]

(2) 葉でつくられた栄養分が通るのは，A，Bのどちらですか。

[   ]

(3) 根から吸い上げられた水や水にとけた養分が通るのは，A，Bのどちらですか。

[   ]

(4) Cのように，AとBが集まって束のようになった部分を何といいますか。

[   ]

(5) 図のような茎のつくりをもつ植物を，次から２つ選びなさい。

ア　アブラナ　　イ　トウモロコシ

ウ　イネ　　　　エ　ホウセンカ

[   ] [   ]

第1章　植物の生活と種類

5 葉のつくり
葉脈のつくりや蒸散を覚える

✔チェックしよう！

葉のつくり

- 葉脈…葉にあるすじ。葉の維管束で，道管と師管が通っている。網状脈と平行脈がある。
- 細胞…小さな部屋のようなもの。
- 葉緑体…緑色の小さな粒。葉だけではなく，植物の緑色の部分にある。
- 気孔…葉の表皮にある三日月形の孔辺細胞に囲まれたすきま。水蒸気の出口，二酸化炭素と酸素の出入り口。一般に，葉の裏側に多く見られる。

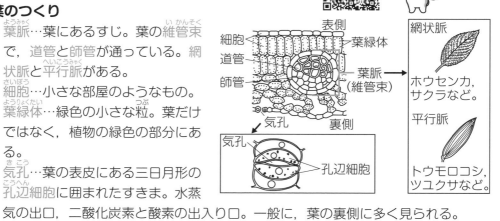

蒸散

- 葉に運ばれた水が，水蒸気となって空気中に出ていく現象を蒸散という。おもに葉にある気孔で行われる。

葉の表面や断面のつくりを確認するよ。

確認問題

1 次の文の ☐ にあてはまることばを書きましょう。

- 葉にあるすじを ① ［　　　　　　］ といい，葉の維管束で，② ［　　　　　　］ と ③ ［　　　　　　］ が通っている。

- 葉脈には，網の目のようになった ④ ［　　　　　　］ 脈や平行に並んだ ⑤ ［　　　　　　］ 脈がある。

- 葉の表皮や断面にすきまなく並んでいる小さな部屋のようなものを ⑥ ［　　　　　　］ という。

- 細胞の中に見られる緑色の小さな粒を ⑦ ［　　　　　　］ という。

- 葉の表皮にある三日月形の細胞に囲まれたすきまを ⑧ ［　　　　　　］ という。

- 葉に運ばれた水が，水蒸気となって出ていくことを ⑨ ［　　　　　　］ という。

練習問題

1 右の図は，葉の断面をスケッチしたものである。これについて，次の問いに答えましょう。

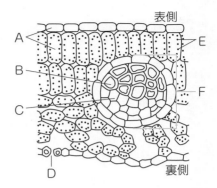

(1) Aのような小さな部屋のようなものを何といいますか。

[   ]

(2) Bの管を何といいますか。

[   ]

B，Cの管は根，茎，葉とつながっているよ。

↗ ステップアップ

(3) Cの管はどのようなはたらきがあるか。簡単に説明しなさい。

[   ]

(4) 葉の表皮にあるDのすきまを何といいますか。

[   ]

(5) Eは緑色の小さな粒である。この緑色の粒を何といいますか。

[   ]

(6) Fは葉の維管束で，葉の表面に見られるすじである。このすじを何といいますか。

[   ]

2 右の図は，A，Bの2種類の植物の葉を観察し，スケッチしたものである。これについて，次の問いに答えましょう。

(1) Aのように，平行に並んでいる葉脈を何といいますか。

[   ]

(2) Bのように，網の目のようになっている葉脈を何といいますか。

[   ]

(3) Aのような葉脈をもつ植物を次から2つ選びなさい。

ア サクラ　　イ トウモロコシ
ウ ホウセンカ　　エ ツユクサ

[   ][   ]

6 種子植物
種子植物の分類を覚える

✔チェックしよう！

🖐 **種子植物**
・種子をつくる植物を種子植物といい，種子植物には被子植物と裸子植物（例：マツ，イチョウなど）がある。
・被子植物は，胚珠が子房に包まれていて，裸子植物は胚珠がむき出しであるというちがいがある。

✌ **被子植物**
・被子植物には双子葉類と単子葉類（例：ツユクサ，ユリなど）がある。
・双子葉類…子葉が2枚，主根と側根をもつ，茎の維管束が輪状，葉脈が網状脈。
・単子葉類…子葉が1枚，ひげ根をもつ，茎の維管束がばらばら，葉脈が平行脈。

🤟 **双子葉類**
・双子葉類には，合弁花類（例：ツツジ，アサガオなど）と離弁花類（例：アブラナ，サクラなど）がある。合弁花類は，花弁がくっついていて，離弁花類は花弁が離れている。

なかまとの特徴を覚えよう。

確認問題

1 次の図の種子植物の分類について，□にあてはまることばを書きましょう。

```
              種子植物
      ┌─────────┴─────────┐
      ①                    ②
                    （マツ・イチョウなど）
  ┌───┴───┐
 双子葉類    ③
          （ツユクサ・ユリなど）
 ┌──┴──┐
 ④   離弁花類
（ツツジ，  （アブラナ・サクラなど）
アサガオなど）
```

2 次の文の□にあてはまることばを書きましょう。

・子葉が ① 枚の被子植物を単子葉類という。

・双子葉類の葉脈は ② 脈で，茎の維管束は ③ になっている。

・花弁が ④ いる双子葉類のなかまを合弁花類という。

1 右の図は，種子植物をその特徴によって分類したものである。これについて，次の問いに答えましょう。

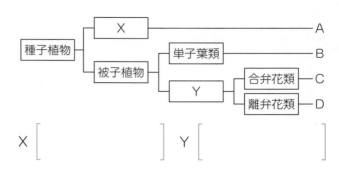

(1) 図のX，Yにあてはまることばを答えなさい。

X [   ] Y [   ]

(2) Aに分類される植物の特徴について説明した次の文の[   ]にあてはまることばを答えなさい。

[   ]がむき出しになっている。

[   ]

(3) Bに分類される植物の根のつくりと葉脈のようすについて正しいものを，次から1つ選びなさい。

ア　根はひげ根で，葉脈は網状脈である。
イ　根はひげ根で，葉脈は平行脈である。
ウ　根は主根と側根からなっていて，葉脈は網状脈である。
エ　根は主根と側根からなっていて，葉脈は平行脈である。

[   ]

(4) 次の①，②の植物をその特徴によって分類すると，A～Dのどのなかまに分類されますか。

①　アサガオ　　　②　イチョウ

① [   ] ② [   ]

2 種子植物の分類について，次の問いに答えましょう。

(1) 種子植物を被子植物と裸子植物に分類したとき，裸子植物にはあてはまらず，被子植物だけにあてはまる特徴を，次から1つ選びなさい。

ア　光合成を行う。　　　イ　胚珠が種子になる。
ウ　子房がある。　　　　エ　胚珠がむき出しになっている。

[   ]

どちらの植物にあてはまるかな。

重要!!

↗ ステップアップ

(2) 被子植物の双子葉類のなかまであるサクラとツツジを，花弁のつき方のちがいからさらに2つに分類するとき，サクラの花弁の特徴を簡単に説明しなさい。

[   ]

7 種子をつくらない植物

シダ植物・コケ植物

✔チェックしよう！

👆 **シダ植物**

・胞子をつくってふえる。

・葉緑体をもち，光合成を行う。

・維管束をもち，根・茎・葉の区別がある。

（例）イヌワラビ，ゼンマイなど。

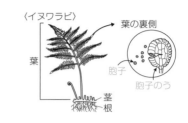

✌ **コケ植物**

・胞子をつくってふえる。

・葉緑体をもち，光合成を行う。

・維管束はなく，根・茎・葉の区別がない。

・からだの表面から水分をとり入れる。

（例）ゼニゴケ，スギゴケなど。

からだを地面に固定させる役目

シダ植物とコケ植物は
何をつくってふえるかを確認するよ。

確認問題

1 次の ◯◯ にあてはまることばを書きましょう。

👆・シダ植物は，種子をつくらず，① _____ でふえる。

👆・シダ植物は，維管束をもち，② _____ の区別がある。

✌・コケ植物のゼニゴケやスギゴケなどは，③ _____ 株で胞子をつくる。

✌・コケ植物の ④ _____ は，からだを地面に固定する役目がある。

2 次の問いに答えましょう。

👆(1) イヌワラビの胞子が入っている袋のようなものを何といいますか。

_____

👆(2) イヌワラビやゼンマイをまとめて何植物といいますか。

_____

✌(3) コケ植物は，水分をからだのどの部分からとり入れますか。

_____

16

1 図1は，イヌワラビのからだのようす，図2は，イヌワ
ラビのからだに見られた袋のようなものを観察してス
ケッチしたものである。これについて，次の問いに答え
ましょう。

図1　図2

(1) 図1のA～Cのうち，イヌワラビの茎を表してい
るのはどれですか。　　　　　　　　　[　　　]

(2) 図2は，イヌワラビのどの部分に見られたか。次か
ら1つ選びなさい。
　　ア　葉の表側　　　イ　葉の裏側　　　ウ　茎　　　エ　根　　　　[　　　]

(3) 図2のX，Yをそれぞれ何といいますか。
　　　　　　　　　　　X [　　　　　　　] Y [　　　　　　　]

(4) イヌワラビはシダ植物のなかまである。シダ植物のなかまを次から1つ選びなさい。
　　ア　ゼニゴケ　　　イ　スギ　　　ウ　イネ　　　エ　ゼンマイ　　　[　　　]

2 右の図は，ゼニゴケの雌株と雄株のからだのよう
すを表したものである。これについて，次の問い
に答えましょう。

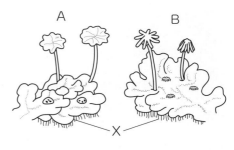

(1) 胞子をつくるのはA，Bのどちらですか。

コケ植物は，胞子を
つくってふえるよ。
　　[　　　]

(2) ゼニゴケの特徴として正しいものを，次から2つ選びなさい。

　　ア　葉緑体をもつ。　　　　　　　イ　水をからだの表面からとり入れる。

　　ウ　光合成を行わない。　　　　　エ　維管束をもつ。

　　オ　根・茎・葉の区別がある。　　　　　　[　　]　[　　]

(3) 図のXを何といいますか。　　　　　　　　　　　[　　　　　　]

📈 ステップアップ

(4) 図のXにはどのような役目があるか。簡単に説明しなさい。

[

]

8 植物のなかま分け
植物を分類する

✔ チェックしよう！

種子植物をなかま分けするよ。

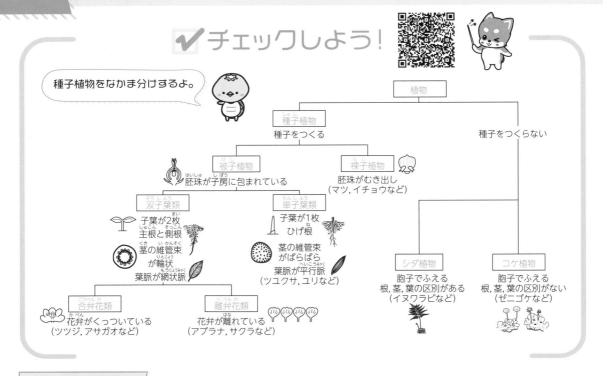

確認問題

1 種子植物の分類について，□ にあてはまることばを書きましょう。

- 種子をつくる植物を ① ［　　　］ 植物といい，胚珠が子房で包まれている植
物を ② ［　　　］ 植物，包まれていない植物を ③ ［　　　］ 植物という。

- 被子植物は，根に主根と側根をもつ ④ ［　　　］ 類と，ひげ根をもつ

  ⑤ ［　　　］ 類に分類される。

- 双子葉類は，花弁が1枚にくっついている ⑥ ［　　　］ 類と，花弁が離れてい

  る ⑦ ［　　　］ 類に分類される。

2 種子をつくらない植物について，□ にあてはまることばを書きましょう。

- 種子をつくらない植物は，① ［　　　］ をつくってなかまをふやす。

- シダ植物とコケ植物で，根・茎・葉の区別があるのは ② ［　　　］ 植物である。

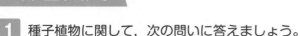

1 種子植物に関して，次の問いに答えましょう。

(1) 被子植物と裸子植物のちがいを，胚珠ということばを使って説明しなさい。

[ ]

(2) 次のア〜オから種子植物をすべて選びなさい。

ア　イチョウ　　イ　ゼンマイ　　ウ　ツツジ　　エ　ツユクサ　　オ　スギゴケ

種子植物は2種類に分かれたね。

[ ]

(3) アサガオとサクラはともに双子葉類に分類されるが，花弁のつき方でさらに2つのなかまに分けられる。それぞれ何類といいますか。

アサガオ [ ]　　サクラ [ ]

(4) (3)でなかま分けした植物のなかまをそれぞれ次からすべて選びなさい。

ア　アブラナ　　イ　ツツジ　　ウ　タンポポ　　エ　エンドウ

アサガオ [ ]　　サクラ [ ]

2 植物の分類について，次の問いに答えましょう。

(1) 被子植物のうち，葉脈が平行脈の植物を何といいますか。

[ ]

(2) 種子をつくらない植物のうち，維管束をもつ植物を何といいますか。

[ ]

9 動物の生活と体のつくり
脊椎動物・無脊椎動物

✔チェックしよう！

動物の生活と体のつくり

・ほかの動物を食べる動物を肉食動物という。犬歯が発達している。

・植物を食べる動物を草食動物という。臼歯が発達している。

脊椎動物…背骨をもつ動物

	生活場所	呼吸	ふえ方	体表
魚類	水中	えら	卵生	うろこ
両生類（カエルなど）	子：水中	子：えらと皮ふ	卵生	湿った皮ふ
	親：陸上	親：肺と皮ふ		
は虫類（ヤモリなど）	おもに陸上	肺	卵生	うろこ
鳥類	陸上	肺	卵生	羽毛
ほ乳類	おもに陸上	肺	胎生	毛

無脊椎動物…背骨をもたない動物

・節足動物…かたい外骨格という骨格をもち，体に多くの節がある。

　（例）カブトムシ，チョウ，エビ，カニ，クモ，ムカデなど。

・軟体動物…骨格をもたず，内臓が外とう膜でおおわれている。

　（例）タコ，イカ，アサリ，マイマイなど。

・その他…（例）ヒトデ，イソギンチャク，ミミズなど。

> 昆虫類や甲かく類，クモ類は節足動物だよ。

確認問題 - - - - - - - - - - - - - - - -

1　次の　　　にあてはまることばを書きましょう。

・肉食動物は，獲物であるほかの動物を食べるため，①　　　　　　　が発達してい

　る。草食動物は，植物をかみ切る②　　　　　　　と，植物をすりつぶす

　③　　　　　　　が発達している。

・両生類は，子のときは④　　　　　　　で生活し⑤　　　　　　　と皮ふで呼吸

　するが，親は⑥　　　　　　　で生活し⑦　　　　　　　と皮ふで呼吸する。

 ・背骨をもたない動物を⑧　　　　　　　という。

1 次の５種類の動物の表を見て，あとの問いに答えましょう。

ア	イ	ウ	エ	オ
ウサギ	カエル	サンマ	ハト	カメレオン

(1) 上の５種類の動物から，胎生のものを選びなさい。

[   ]

(2) イの動物が子から親になるときに変わることを簡単に説明しなさい。

[   ]

(3) ア～オの動物は共通して何をもっていますか。

[   ]

2 次の A～F の背骨をもたない動物について，あとの問いに答えましょう。

> A クモ　　B ザリガニ　C タコ
> D アサリ　E ミミズ　　F カブトムシ

背骨があるのは５種類
に分けられたね。

(1) A～F のうち，からだが外骨格でおおわれ，からだや足に節があるものを，すべて選びなさい。

[   ]

(2) (1)の動物のなかまを何といいますか。

[   ]

(3) A～F のうち，からだやあしに節はなく，内臓が外とう膜におおわれているものを，すべて選びなさい。

[   ]

1 物質の分類
いろいろな物質の特徴を覚える

✔チェックしよう！

✌有機物と無機物
・有機物…炭素をふくむ物質。加熱すると燃えて二酸化炭素が発生する。有機物には，ふつう水素もふくまれており，燃えると水ができる。
（例）砂糖，プラスチック，紙，プロパンなど。
・無機物…有機物以外の物質。（例）食塩，鉄，ガラス，酸素，水など。

✌金属と非金属
・金属…鉄や銅などの物質。電気をよく通す，みがくと光沢が出る（金属光沢），引っ張ると細くのびる，たたくとうすく広がる，熱をよく伝える，などの性質がある。
・非金属…ガラスや木などの金属以外の物質。

🖐スチール缶とアルミ缶の区別
・鉄は磁石につくが，アルミニウムや銅は磁石につかない。磁石につく性質は金属共通の性質ではないことがわかる。この性質を利用してスチール缶（鉄）とアルミ缶（アルミニウム）を区別できる。

> 物質をいろいろな基準で分類するよ。

確認問題 ━━━━━━━━━━━━━━━━

1 次の文の 　 にあてはまることばを書きましょう。

・砂糖やプラスチックのように，炭素をふくみ，加熱すると燃えて二酸化炭素と水が

発生する物質を ① 　 ，①以外の物質を ② 　

という。

・鉄や銅などの ③ 　 は，④ 　 をよく通す，み

がくと光る，引っ張ると細くのびる，たたくとうすく広がる，熱をよく伝えるな

どの性質がある。

・ガラスや木などの③以外の物質を ⑤ 　 という。

・アルミ缶とスチール缶を区別するために磁石を近づけると

⑥ 　 は磁石につかなかった。

1 右の図のように，木片を燃焼さじにとり，集気び
んの中に入れて燃焼させ，火が消えたらとり出し，
集気びんに石灰水を入れよく振った。これについ
て，次の問いに答えましょう。

木片

石灰水

(1) 木片が燃えると，集気びんの内側が白く
くもった。これは，何ができたからですか。

[   ]

(2) 木片が燃えたあと，石灰水を集気びんに入れて振ると，石灰水はどのように変化しま
したか。

[   ]

(3) (2)の結果から，木片が燃えたあと，何という気体が発生したことがわかりますか。

[   ]

(4) 燃えると，二酸化炭素が発生する物質を何といいますか。

[   ]

↗ ステップアップ

(5) 次の物質のうち，無機物であるものをすべて選びなさい。

酸素，エタノール，砂糖，食塩，プラスチック，プロパン，紙，ろう，水

[   ]

有機物は，燃えると
何が発生するかな？

2 すべての金属にあてはまる性質としてまちがっているものを，次から1つ選びましょう。

ア みがくと光沢が出る。

イ たたくと広がり，引っ張るとのびる。

ウ 電気をよく通し，熱が伝わりやすい。

エ 磁石につく。

身近な金属だと鉄とか
があるね。

[   ]

2 重さ・体積と物質の区別

物質の密度と浮き沈みを理解する

✔チェックしよう！

👆密度

・物質 1cm³ あたりの重さを密度という。

・密度の単位は，g/cm³（グラム毎立方センチメートル）と読む。

・密度は，物質によってその大きさが違う。つまり，密度で物質を区別できる。

$$物質の密度〔g/cm³〕＝\frac{物質の質量〔g〕}{物質の体積〔cm³〕}$$

> 同じ金属同士でも，温度によって密度の大きさは変わることがあるよ。

✌物質の浮き沈み

・液体中の物質の浮き沈みは，密度の大小で決まる。

物質の密度が液体の密度より小さい→物質は浮く

物質の密度が液体の密度より大きい→物質は沈む

確認問題

1 次の文の □ にあてはまることばを書きましょう。

・物質 1cm³ あたりの質量を ① □ という。

・密度の単位は ② □ である。

・物質の密度＝ $\dfrac{③ □}{④ □}$ で求めることができる。

2 次の問いに答えましょう

(1) 質量 20g，体積 50cm³ の物質の密度を求めなさい。

□ g/cm³

(2) アルミニウムの密度は 2.7g/cm³ である。アルミニウム 50cm³ の質量を求めなさい。

□ g

(3) 水の密度は，1.00g/cm³ である。密度が 1.12g/cm³ の物質は，水に浮きますか，沈みますか。

□

1 体積が 100cm³，質量が 130g の物質 A と，体積が 200cm³，質量が 140g の物質 B がある。これについて，次の問いに答えましょう。

(1) 物質 A，B の密度を求めなさい。
A [　　　　　 g/cm³] B [　　　　　 g/cm³]

(2) 水の密度を 1.00g/cm³ とする。物質 A と物質 B の水への浮き沈みについて正しいものを，次から 1 つ選びなさい。
　ア　物質 A も物質 B も水に浮く。
　イ　物質 A は水に浮くが，物質 B は水に沈む。
　ウ　物質 A は水に沈むが，物質 B は水に浮く。
　エ　物質 A も物質 B も水に沈む。
　[　　　]

2 物質 P の体積は 7.0cm³，質量は 62.7g である。表は，いろいろな物質の密度を表したもので，物質 P は表のいずれか 1 種類の物質でできている。これについて，次の問いに答えましょう。

(1) 物質 P の密度を小数第 2 位まで求めなさい。
[　　　　　 g/cm³]

(2) 物質 P の物質名を，表を参考にして答えなさい。[　　　　　]

(3) 表の物質の中で，水に入れたときに浮く固体は何ですか。[　　　　　]

	物質の密度〔g/cm³〕	
固体	金	19.32
	銅	8.96
	鉄	7.87
	ポリプロピレン	0.90
液体	水	1.00
	水銀	13.55

密度を求める式を変形してみよう。

📈 ステップアップ

(4) 表の物質の中で，水銀に入れたときに沈む物質はどれか。正しい組み合わせを，次から 1 つ選びなさい。
　ア　金，銅，鉄，ポリプロピレン　　イ　金，銅，鉄
　ウ　金，銅　　　　　　　　　　　　エ　金

液体と物質の密度を比べてみよう。
　[　　　]

3 密度について述べた文として正しいものを，次から 1 つ選びましょう。
　ア　密度は物質を区別する手がかりとなる。
　イ　同じ体積で比べたとき，質量が小さいほうが密度が大きい。
　ウ　同じ質量で比べたとき，体積が大きいほうが密度が大きい。
　エ　液体に浮かぶ物質の密度は，その液体の密度より大きい。
　[　　　]

3 実験器具の使い方
ガスバーナーとメスシリンダー

✔チェックしよう！

👆 **ガスバーナーの使い方**

〈火をつけるとき〉

① 2つのねじがしまっていることを確認する。
② ガスの元栓を開き，マッチに火をつけ，ガス調節ねじを少しずつ開き，点火する。
③ ガス調節ねじで炎を適当な大きさにする。
④ ガス調節ねじをおさえながら空気調節ねじを開き，青色の炎にする。

〈火を消すとき〉

空気調節ねじ→ガス調節ねじ→元栓の順に閉じる。

✌ **メスシリンダーの使い方**

・液体の体積をはかる器具で，水平なところに置いて使う。真横から液面の平らな部分を，最小目盛りの$\frac{1}{10}$まで目分量で読みとる。

〈ガスバーナー〉

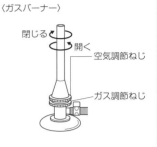

閉じる　開く
空気調節ねじ
ガス調節ねじ

〈メスシリンダー〉

2つの実験器具の使い方を確認しよう

確認問題

 1 次の文の ▢ にあてはまることばを書きましょう。

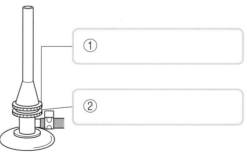

①
②

2 次の文の ▢ にあてはまることばを書きましょう。

👆 ・ガスバーナーの火を消すときは，① ねじ→
② ねじ→元栓の順に閉じる。

 ・メスシリンダーの目盛りを読みとるときは，真横から液面の平らな部分を，最小目盛りの ③ まで目分量で読みとる。

練習問題

1 ガスバーナーの使い方について，次の問いに答えましょう。

(1) ガスバーナーに火をつけるときの順に，次のア～オを並べかえなさい。

　ア　マッチに火をつけ，ガス調節ねじを開いて点火する。

　イ　空気調節ねじを開く。

　ウ　ガス調節ねじで炎の大きさを調節する。

　エ　ガス調節ねじと空気調節ねじがしまっていることを確認する。

　オ　ガスの元栓を開く。

[　→　　→　　→　　→　]

(2) ガスバーナーの火を消すときの順に，次のア～ウを並べかえなさい。

　ア　ガスの元栓を閉じる。

　イ　空気調節ねじを閉じる。

　ウ　ガス調節ねじを閉じる。

 火を消すときは，火をつけるときと逆の順に閉じるよ。

[　→　　→　]

(3) 右の図で，炎の色がオレンジ色のとき，青い色の炎にする操作として正しいものを，次から1つ選びなさい。

　ア　aのねじをおさえて，bのねじをAの方向に回す。

　イ　aのねじをおさえて，bのねじをBの方向に回す。

　ウ　bのねじをおさえて，aのねじをAの方向に回す。

　エ　bのねじをおさえて，aのねじをBの方向に回す。

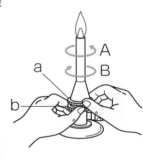

[　]

📈 ステップアップ

(4) (3)で，炎の色がオレンジ色になるのは，何の量が不足しているからですか。

[　]

2 メスシリンダーの使い方について，次の問いに答えましょう。

(1) メスシリンダーの目盛りを読むときの正しい目の位置を，図のA～Cから1つ選びなさい。

[　]

(2) メスシリンダーに入っている液体の体積は何cm³ですか。

[　cm³]

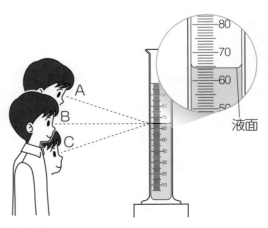

液面

4 気体の集め方と性質

気体の性質に合わせた集め方を覚える

✔チェックしよう！

 気体の集め方

・水上置換（法）…水にとけにくい気体を集める。

・上方置換（法）…水にとけやすく，空気より軽い気体を集める。

・下方置換（法）…水にとけやすく，空気より重い気体を集める。

水上置換（法）　　上方置換（法）　下方置換（法）

気体の性質によって，集め方がちがうよ。

✌ **いろいろな気体の性質**

・酸素…水にとけにくく，空気よりも少し重い。無色無臭。助燃性がある。

・二酸化炭素…水に少しとけ，空気よりも重い。無色無臭で，石灰水を白くにごらせる。

・水素…水にとけにくく，空気よりも軽い。無色無臭で，火をつけると燃える。

・アンモニア…水によくとけ，空気よりも軽い。無色で，刺激臭がある。

確認問題

 1 気体の集め方について，□にあてはまることばを書きましょう。

(1)

　　　　　　　　　　　　　法

(2)

　　　　　　　　　　　　　法

(3)

　　　　　　　　　　　　　法

✌ **2** 気体の性質について，□にあてはまることばを書きましょう。

・アンモニアは，空気より ① ___ く，水にとけ ② ___ 。

・二酸化炭素は，空気より ③ ___ く，④ ___ を白くにごらせる。

・水素は，空気より ⑤ ___ く，水にとけ ⑥ ___ 。また，火を

つけると燃えて ⑦ ___ ができる。

練習問題

1 右の図は，気体を集める方法を表したものです。
これについて，次の問いに答えましょう。

A   B   C

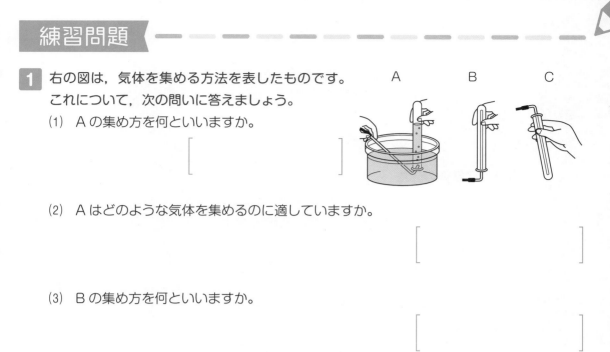

(1) Aの集め方を何といいますか。

[　　　　　]

(2) Aはどのような気体を集めるのに適していますか。

[　　　　　]

(3) Bの集め方を何といいますか。

[　　　　　]

(4) Bで集めるのに適した気体の特徴を2つ答えましょう。

[　　　　　] [　　　　　]

(5) Cの集め方を何といいますか。

[　　　　　]

(6) Cで集めるのに適した気体の特徴を2つ答えましょう。

[　　　　　] [　　　　　]

> 気体の集め方は，空気と比べたときの重さと水へのとけやすさで決まるよ。

↗ ステップアップ

(7) 次の気体は，図のA～Cのどの方法で集めるのが適しているか。記号で答えなさい。

水素 [　　] 酸素 [　　] アンモニア [　　]

2 気体の性質について，正しいものを1つ選びましょう。

ア アンモニアは無色無臭で，水にとけやすい。

イ 水素は刺激臭をもち，空気よりも軽い。

ウ 二酸化炭素は無色無臭で，空気より軽い。

エ 二酸化炭素は，水に少しとける。

[　　　]

5 いろいろな気体の発生
気体が発生する物質の組み合わせを覚える

✔チェックしよう！

 いろいろな気体の発生

・酸素…二酸化マンガンにうすい過酸化水素水（か さん か すい そ すい）
　（オキシドール）を加えると発生。ものを燃や
　すはたらきがある。

・二酸化炭素…石灰石にうすい塩酸を加えると発
　生。

・水素…亜鉛（あ えん）などの金属にうすい塩酸を加えると
　と発生。燃えて水ができる。

・アンモニア…塩化アンモニウムと水酸化カ
　ルシウムの混合物を加熱すると発生。

うすい過酸化水素水
二酸化マンガン

> 気体と，その気体を発生させる
> ために必要な物質を覚えよう。

水素
うすい塩酸
亜鉛などの金属

確認問題

 1 次の □ にあてはまることばを書きましょう。

・石灰水にうすい塩酸を加えると，① [　　　　　] が発生する。

・酸素は，二酸化マンガンに ② [　　　　　] を加えると発生する。

・亜鉛などの金属に ③ [　　　　　] を加えると水素が発生する。

・塩化アンモニウムと水酸化カルシウムの混合物を加熱すると

　④ [　　　　　] が発生する。

2 次の □ にあてはまることばを書きましょう。

酸素の発生方法

① [　　　　　]

② [　　　　　]

1 右の図のような装置で，気体を発生させた。これについて，次の問いに答えましょう。

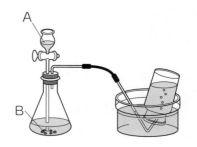

(1) 酸素を発生させるとき，A，Bにそれぞれ何を加えますか。

A [　　　　　　　　　] B [　　　　　　　　　]

(2) 酸素の性質として正しいものを，次から1つ選びなさい。

　　ア　石灰水を白くにごらせる。
　　イ　空気中の体積の約80%をしめる。
　　ウ　マッチの火を近づけると，ポンという音を出して燃える。
　　エ　ものを燃やすはたらきがある。　　　　　　　　　[　　]

(3) 水素を発生させるとき，A，Bにそれぞれ何を加えるか。正しい組み合わせを，次から1つ選びなさい。

　　ア　A：うすい塩酸　　B：二酸化マンガン
　　イ　A：うすい塩酸　　B：亜鉛
　　ウ　A：うすい過酸化水素水　　B：石灰石
　　エ　A：うすい過酸化水素水　　B：マグネシウム　　[　　]

2 右の図のような装置で，気体を発生させた。これについて，次の問いに答えましょう。

(1) この実験で，発生する気体は何ですか。

[　　　　　　　　　　　　　]

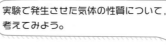
うすい塩酸

(2) (1)の気体の性質として正しいものを，次から1つ選びなさい。

　　ア　刺激臭（しげきしゅう）があり，空気より軽い。
　　イ　空気より少し軽く，水にとけにくい。
　　ウ　無色無臭で，水に非常にとけやすい。
　　エ　無色無臭で，空気より少し重い。　　[　　]

石灰石

実験で発生させた気体の性質について，考えてみよう。

↗ ステップアップ

(3) (1)の気体が発生したことを確認する方法と結果を簡単に書きなさい。

[　　　　　　　　　　　　　　　　　　　　　　　　　　　]

6 水溶液の性質
物質が水にとけるようすを理解する

✔ チェックしよう！

 物質の溶解

・溶液…物質がとけている液全体。

　水に物質がとけた液体を水溶液という。

　（例）食塩水の場合は食塩水。

・溶質…溶液にとけている物質。

　（例）食塩水の場合は食塩。

・溶媒…溶質をとかしている液体。

　（例）食塩水の場合は水。

食塩
（溶質）

水
（溶媒）

食塩水
（水溶液）

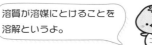
溶質が溶媒にとけることを
溶解というよ。

溶液中の溶質の状態

・溶質は，小さな粒子となって一様に散らばっている。

・溶液のどの部分をとっても濃さは同じである。

・溶液を放置しておいても，とけている物質が出てくることはない。

溶質の粒子

確認問題

1 次の文の　　　にあてはまることばを書きましょう。

・物質がとけている液全体を ① 　　　　　 という。特に，水に物質がとけた①を

　を ② 　　　　　 という。

・①にとけている物質を ③ 　　　　　 という。

・③をとかしている液体を ④ 　　　　　 という。

・食塩水の場合，食塩が ⑤ 　　　　　 ，水が ⑥ 　　　　　 ，食塩水が

　⑦ 　　　　　 である。

2 次の文の　　　にあてはまることばを書きましょう。

・物質を水にとかしたとき，その物質は小さな ① 　　　　　 となって一様に散ら

　ばっている。

・溶液は，どの部分をとっても濃さは ② 　　　　　 である。

1 右の図のように，水の中に砂糖のかたまりを入れて，長時間置いておくと，砂糖は少しずつとけはじめた。これについて，次の問いに答えましょう。

砂糖

(1) 砂糖水のような水溶液で，水のように，とかしている液体を何といいますか。　　　　[　　　　　　]

(2) (1)に対して，砂糖のように，とけている物質を何といいますか。
　　　　　　　　　　　　　　　　　　　　　　　　[　　　　　　]

(3) このまま長時間置いておくと，砂糖のかたまりはどのようになっていくか。正しいものを，次から1つ選びなさい。

　ア　砂糖のかたまりの一部はとけるが，大部分は残る。
　イ　このままではとけないので，かき混ぜると完全にとける。
　ウ　長時間置くと，かき混ぜなくても完全にとけて均一の濃さの砂糖水ができる。
　エ　長時間置くと，かき混ぜなくても完全にとけるが，水溶液の下のほうが濃くなる。

　　　　　　　　　　　　　　　　　　　　　　　　[　　　　　　]

(4) 水に砂糖をとかした水溶液を2〜3日放置しておくと，砂糖の粒子のようすはどのようになるか。正しいものを，次から1つ選びなさい。

水溶液中の溶質の状態を思い出そう。

　　　　　　　　　　　　　　　　　　　　　　　　[　　　　　　]

(5) 水溶液の性質として正しいものを，次から1つ選びなさい。

　ア　水溶液の濃さは，どこでも同じである。
　イ　水溶液は，どれも無色透明である。
　ウ　水溶液には，色がついていたりにごったりしているものもある。

　　　　　　　　　　　　　　　　　　　　　　　　[　　　　　　]

7 質量パーセント濃度
水溶液の濃度を求める

☑ チェックしよう！

 質量パーセント濃度
溶液にふくまれている溶質の質量の割合を百分率（%）で表したもの。

$$質量パーセント濃度〔\%〕 = \frac{溶質の質量〔g〕}{溶液の質量〔g〕} \times 100$$

$$= \frac{溶質の質量〔g〕}{溶媒の質量〔g〕 + 溶質の質量〔g〕} \times 100$$

☑ **質量パーセント濃度の計算**

（例）水 80g に塩化ナトリウム 20g をとかした塩化ナトリウム水溶液の質量パーセント濃度 ⇒ $\dfrac{20〔g〕}{80〔g〕+20〔g〕} \times 100 = 20〔\%〕$

（例）5%の塩化ナトリウム水溶液 200g にとけている塩化ナトリウムの質量

⇒ $200〔g〕 \times \dfrac{5}{100} = 10〔g〕$

質量パーセント濃度の求め方を
確認するよ。分母と分子に注意するよ。

確認問題

1 次の文の □ にあてはまることばを書きましょう。

・溶液にふくまれている ① □ の質量の割合を百分率（%）で表したものを

② □ という。

・質量パーセント濃度〔%〕 = $\dfrac{③ \ の質量〔g〕}{④ \ の質量〔g〕} \times 100$

$= \dfrac{⑤ \ の質量〔g〕}{⑥ \ の質量〔g〕 + ⑦ \ の質量〔g〕} \times 100$

2 次の問いに答えましょう。

(1) 水 180g に塩化ナトリウム 20g をとかした塩化ナトリウム水溶液の質量パーセント濃度は何%ですか。

□ %

(2) 3%の砂糖水 80g にとけている砂糖は何 g ですか。

□ g

1 次の問いに答えましょう。

(1) 水 85g に塩化ナトリウム 15g をとかした塩化ナトリウム水溶液の質量パーセント濃度は何%ですか。

[   ] %

(2) 水 210g に塩化ナトリウム 40g をとかした塩化ナトリウム水溶液の質量パーセント濃度は何%ですか。

[   ] %

(3) 水 400g に塩化ナトリウム 100g をとかした塩化ナトリウム水溶液の質量パーセント濃度は何%ですか。

[   ] %

(4) 水 100g に砂糖 60g をとかした砂糖水の質量パーセント濃度は何%ですか。

[   ] %

(5) 水 420g に砂糖 60g をとかした砂糖水の質量パーセント濃度は何%ですか。

[   ] %

(6) 4%の塩化ナトリウム水溶液 250g にとけている塩化ナトリウムは何 g ですか。

[   ] g

(7) 2.5%の砂糖水 260g にとけている砂糖は何 g ですか。

[   ] g

2 砂糖 50g を水にとかして, 200g の砂糖水をつくった。これについて, 次の問いに答えましょう。

(1) この砂糖水は, 砂糖を何 g の水にとかしたものですか。

[   ] g

(2) この砂糖水の質量パーセント濃度は何%ですか。

[   ] %

↗ ステップアップ

(3) この砂糖水にさらに水を加えて, 質量パーセント濃度を 10%にしたい。水を何 g 加えればよいですか。

[   ] g

 まず, 砂糖 50g がとけた 10%の砂糖水の質量を求めてみよう。

8 溶質のとり出し方
飽和水溶液と溶解度について学ぼう

✔チェックしよう!

✌ 飽和水溶液と溶解度

・飽和水溶液…物質がそれ以上とけることができない水溶液。

・溶解度…100g の水にそれ以上とけることができない物質の質量。溶解度と温度との関係のグラフを溶解度曲線という。

表の読み方を理解しよう。

✌ 再結晶

・結晶…規則正しい形をした固体。

・再結晶…固体の物質をいったん溶媒にとかし,溶解度の差などを利用して再び結晶としてとり出すこと。

✌ ろ過のやり方

・ろ過…ろ紙などを使って液体と固体を分けること。

・ろうとのあしの長いほうをビーカーのかべにあてる。

・液体をガラス棒に伝わらせて注ぐ。

〈溶解度曲線〉

（グラフ：縦軸 100g の水にとける質量〔g〕0〜80,横軸 温度〔℃〕0〜80。硫酸銅,ミョウバン,塩化ナトリウム,ホウ酸）

〈ろ過のやり方〉
ガラス棒
ろうと
ろ紙
ビーカー
ろ液

確認問題

1 次の文の □ にあてはまることばを書きましょう。

・物質がそれ以上とけることができない水溶液を ① □ という。

・100g の水にそれ以上とけることができない物質の質量を ② □ という。

・規則正しい形をした固体を ③ □ という。

・固体の物質をいったん溶媒にとかし,溶解度の差などを利用して再び結晶としてとり出すことを ④ □ という。

・ろ紙などを使って液体と固体を分けることを ⑤ □ という。

・ろうとのあしの ⑥ □ 方をビーカーのかべにあて,液体をガラス棒に伝わらせて注ぐ。

1 右のグラフは，硫酸銅，ミョウバン，塩化ナトリウム，ホウ酸の溶解度曲線を表したものである。これについて，次の問いに答えましょう。

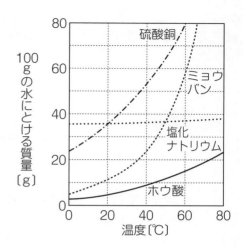

(1) グラフから，水の温度が上がると，100g の水にとける硫酸銅の質量はどうなるといえるか。次から 1 つ選びなさい。

　ア　大きくなる。
　イ　小さくなる。
　ウ　変わらない。

[　　　]

(2) 水の温度が上がっても，100g の水にとける質量がほとんど変わらない物質はどれですか。

[　　　]

(3) 60℃の水 100g にとける質量が最も大きい物質はどれですか。

[　　　]

(4) 20℃の水 100g にミョウバンを 40g とかしたところ，とけのこりがあった。水の量を変えずに，とけのこりをすべてとかすにはどうすればよいですか。

[　　　]

(5) 60℃の水 100g にそれぞれの物質をとけるだけとかして水溶液をつくった。これを 40℃まで冷やしたとき，結晶として出てくる質量が最も大きい物質はどれですか。

[　　　]

↗ ステップアップ

2 硝酸カリウムは，20℃の水 100g に 31.6g とける。これについて，次の問いに答えましょう。

(1) 20℃の水 100g に 15.3g の硝酸カリウムをとかしたとき，あと何 g の硝酸カリウムがとけますか。

[　　　　　g]

(2) 40℃の水 100g に 50.0g の硝酸カリウムをとかした水溶液を 20℃に冷やすと，何 g の結晶が出てきますか。

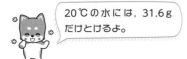

20℃の水には，31.6g
だけとけるよ。

[　　　　　g]

第2章　身のまわりの物質

9 状態変化と温度
状態変化と融点・沸点を覚える

✔チェックしよう！

状態変化
物質が，温度によって固体，液体，気体とすがたを変えること。
固体→液体→気体と変化すると，ふつう，体積が大きくなる。状態変化すると，体積は変化するが，質量は変化しない。
（水は例外で，液体より固体の氷のほうが，体積が大きくなる。）

〈状態変化と物質の粒子の動き〉

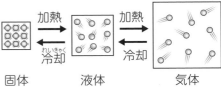

融点と沸点
・融点…固体がとけて液体に変化するときの温度。
　（例）水の融点は0℃。
・沸点…液体が沸とうして気体に変化するときの温度。（例）水の沸点は100℃。

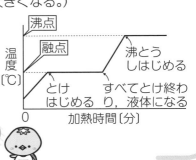

固体→液体→気体と変化していくにつれて，
物質の粒子が自由になっていくイメージだよ。

確認問題

1 次の図は，エタノールの状態変化を粒子の動きのモデルで表したものである。
　　　□に液体，気体，固体のいずれかのことばを書きましょう。

① ② ③

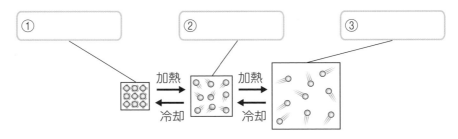

2 次の文の□にあてはまることばを書きましょう。

・固体がとけて液体に変化するときの温度を ① という。水の①は ② ℃である。

・液体が沸とうして気体に変化するときの温度を ③ という。水の③は ④ ℃である。

1 右の図は，エタノールが状態変化するときの粒子の状態を表したものである。これについて，次の問いに答えましょう。

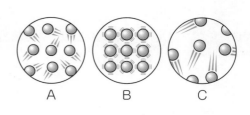

A　　　B　　　C

(1) Aは固体，液体，気体のどの状態を表したものですか。

[　　　　　　　　　　]

(2) 最も密度が大きいのは，A～Cのどれですか。

[　　　]

(3) 粒子が最も活発に運動しているのは，A～Cのどれですか。

[　　　]

(4) 状態変化について正しいものを，次から1つ選びなさい。

　　ア　状態変化では，質量は変化するが体積は変化しない。
　　イ　状態変化では，体積は変化するが質量は変化しない。
　　ウ　固体→液体→気体と変化すると，体積が小さくなる。
　　エ　気体→液体→固体と変化すると，粒子の運動が活発になる。

[　　　]

2 右のグラフは，氷をビーカーに入れて加熱し，その温度変化について調べたものである。これについて，次の問いに答えましょう。

(1) Aの温度を何といいますか。

[　　　　　　　　]

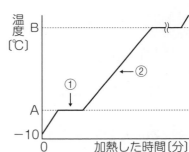

(2) Bの温度を何といいますか。

[　　　　　　　　]

📈 ステップアップ

(3) グラフの①のとき，ビーカーの中の状態として正しいものを，次から1つ選びなさい。

　　ア　固体のみ　　　　　　　　イ　液体のみ
　　ウ　固体と液体が混ざっている　　エ　気体のみ

[　　　]

(4) グラフの②のとき，ビーカーの中の状態として正しいものを，次から1つ選びなさい。

　　ア　液体のみ　　　イ　固体と液体が混ざっている
　　ウ　気体のみ　　　エ　液体と気体が混ざっている

[　　　]

> グラフ①は，氷がとけて水に変化する途中だよ。

10 混合物の分け方
純粋な物質と混合物を理解する

✔チェックしよう！

純粋な物質と混合物
・純粋な物質（純物質）…1種類の物質でできているもの。
（例）塩化ナトリウム，酸素など。
・混合物…2種類以上の物質が混ざり合ったもの。混合物は，融点と沸点が一定にならない。（例）海水，空気，砂糖水，みりんなど。

混合物の分け方
・蒸留…液体を加熱して沸とうさせ，出てくる気体を冷やして再び液体にして集める方法。　蒸留すると，混合物を分けることができる。

〈水とエタノールの混合物の加熱〉

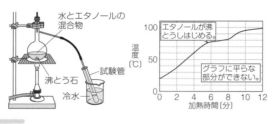

水（沸点：100℃）よりエタノール（沸点：78℃）のほうが，沸点が低い。
→エタノールが先に気体となって出てくる。
→試験管の中にエタノールがたまる。
→エタノールと水を分けることができる。
（エタノールが試験管内にあることは，試験管内の液体をろ紙にひたして，燃えるかどうかで確かめる）

確認問題

1　次の文の　　にあてはまることばを書きましょう。

・水，塩化ナトリウムなど1種類の物質でできているものを ① という。

・空気，砂糖水など2種類以上の物質が混ざり合ったものを ② という。

・液体を加熱して沸とうさせ，出てくる気体を冷やして再び液体にして集める方法を　と ③ いう。

・水とエタノールの混合物を加熱すると，水よりエタノールの沸点のほうが低いため，④ が先に気体となって出てくる。

・純粋な物質か混合物かはグラフを確認し，⑤ になった部分があれば，純粋な物質といえる。

1 次の中から，純粋な物質をすべて選び，記号で答えましょう。

ア　鉄　　イ　砂糖水　　ウ　みりん　　エ　水素　　オ　海水
カ　空気　キ　石油　　　ク　水

[　　　　　　　　　　　　　　　　　　　　　　　]

2 右の図のような装置で，水 20cm³ とエタノール 5cm³ の
混合物を蒸留する実験を行い，3本の試験管 A〜C に，A
から順に液体を 5cm³ ずつ集めた。これについて，次の問
いに答えましょう。

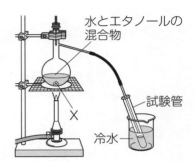

(1)　X の名前は何ですか。

[　　　　　　　　　　　]

(2)　この実験のように，液体を気体にし，冷やして再び液体にして集める方法を何といい
ますか。

[　　　　　　　　　　　]

(3)　この実験では，水とエタノールを分離できる。これは，水とエタノールの何がちがう
からですか。

[　　　　　　　　　　　]

(4)　この実験で液体を集めた3本の試験管 A〜C のうち，エタノールを最も多くふくむ
液体の入った試験管はどれですか。

[　　　]

↗ ステップアップ

(5)　(4)で，液体がエタノールをふくんでいることを確かめるためにはどうすればよいか。
簡単に書きなさい。

[　　　　　　　　　　　　　　　　　　　　　　　]

エタノールの沸点の方が低いから，
先にエタノールが気体になるよ。

1 光の性質

光の反射と屈折を理解する

✔チェックしよう！

 光の反射…光が物体にあたり，はね返ること。
入射角＝反射角となる。（反射の法則）

 光の屈折…空気とガラスなど，異なる物体の境界面で
光が折れ曲がって進むこと。

・光が空気中から水中へ進むとき
　⇒入射角＞屈折角

・光が水中から空気中へ進むとき
　⇒入射角＜屈折角

・全反射…光が水中やガラス中から空気中へ進むとき，
入射角が大きくなると，光が空気中へ出ていかずに
すべて反射する現象。

光が反射するとき，入射角と反射角
の大きさは等しいよ。

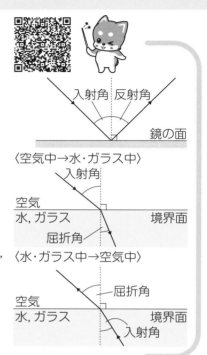

確認問題

1 次の文の □ にあてはまることばを書きましょう。

 光の反射

 光の屈折

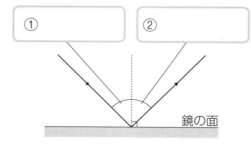

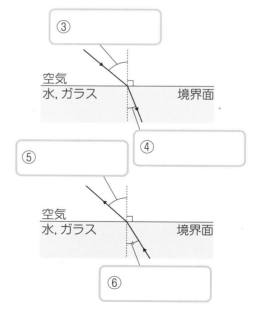

...

1 次の問いに答えましょう。

(1) 光が物体にあたり，はね返ることを何といいますか。

[   ]

(2) 光が鏡の面で反射するとき，入射角と反射角の大きさはどのようになりますか。

[   ]

(3) 光が，空気と水など，異なる物体の境界面で折れ曲がって進むことを何といいますか。

[   ]

(4) 光が空気中から水中へ進むとき，入射角と屈折角はどのような関係になるか。正しいものを，次から1つ選びなさい。

ア 入射角＞屈折角　　イ 入射角＜屈折角　　ウ 入射角＝屈折角

[   ]

(5) 光が水中やガラス中から空気中へ進むとき，入射角が大きくなると，下の図のように，光は空気中へ出ていかずにすべて反射する。この現象を何といいますか。

[   ]　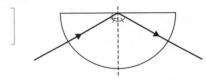

2 3つの光源ア，イ，ウを用意し，図のように光を出したところ，A，B，Cのうちのいずれかの向きに進んだ。これについて，次の問いに答えましょう。

(1) 光源アから出た光は，A～Cのどの方向に進みましたか。

[   ]

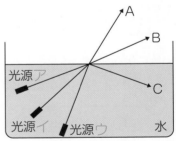

(2) 光源ウから出た光は，A～Cのどの方向に進みましたか。

[   ]

Cは全反射した光だよ。

↗ ステップアップ

3 次のことがらの中で，光が屈折するために起こるものを2つ選びましょう。

ア 光を通さないもので光をさえぎると影ができる。

イ ルーペで太陽の光を集めると，黒い紙を焼くことができる。

ウ 茶わんに水を入れていくと，茶わんの底がだんだんと浮き上がってくるように見える。

エ 電灯にかさをつけると，部屋が明るくなる。

[   ][   ]

2 凸レンズと像

凸レンズによってできる像をおさえる

✔チェックしよう！

👆 **凸レンズ**

・光が屈折して集まる点を焦点といい，レンズの中心から焦点までの距離を焦点距離という。

✌ **凸レンズの性質**

①光軸に平行な光は凸レンズを通ったあと焦点を通る。

②凸レンズの中心を通る光は直進する。

③焦点を通り凸レンズに入った光は，光軸に平行に進む。

凸レンズに入った光軸に平行な光は1点に集まるよ。

🤟 **像のできかた**

・物体が焦点の外側⇒倒立の実像

・物体が焦点の内側⇒正立の虚像

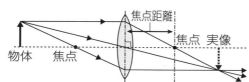

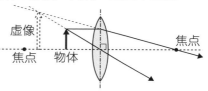

確認問題

1 次の ☐ にあてはまることばを書きましょう。

👆

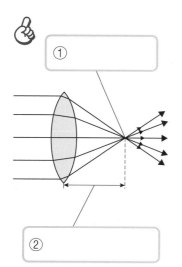

① ☐

② ☐

✌ 物体が焦点の外側にあるときには，スクリーンに光が実際に集まって像ができる。

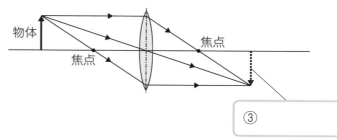

③ ☐

🤟 物体が焦点の内側にあるときは，光が集まらず，レンズを通して物体が見える。

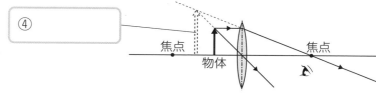

④ ☐

1 右の図は，凸レンズの光軸に平行な光をあてたようすを表
したものである。これについて，次の問いに答えましょう。

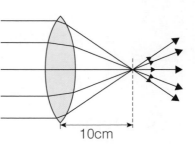

(1) この凸レンズの焦点距離は何cm ですか。

[cm]

(2) 凸レンズを利用した道具を，次から１つ選びなさい。
　　ア　光ファイバー　　　イ　カメラ
　　ウ　メスシリンダー

[   ]

2 次の図は，凸レンズを通る光の進み方を調べようとした
ものである。①〜③の光は，凸レンズを通ったあと，どのように進むか。あとのア〜ウか
ら１つずつ選びましょう。

① 　光軸に平行に進んで凸レンズを通った光
② 　凸レンズの中心を通った光
③ 　焦点を通ってから凸レンズを通った光

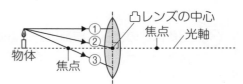

　　ア　光軸に平行に進む。
　　イ　焦点を通る。
　　ウ　そのまままっすぐに進む。

① [   ]　② [   ]　③ [   ]

3 像のでき方について，次の問いに答えましょう。

(1) 物体が焦点の外側にあるとき，スクリーンに像がうつる。この像を何といいますか。

[   ]

(2) 物体が焦点の内側にあるとき，像はスクリーンにできず，反対側から凸レンズをのぞ
くと物体が大きく見える。この像を何といいますか。

[   ]

↗ ステップアップ

(3) 右の図のように，物体が焦点距離
の２倍の位置にあるときについて，
次の問いに答えなさい。

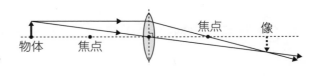

① 　レンズの反対側にできる像は，実像，虚像のどちらですか。　[   ]

② 　レンズの反対側にできる像の大きさは，物体と比べてどうなりますか。

物体と凸レンズの距離によって，
できる像の大きさは変わるんだよ。

[   ]

3 音が発生するしくみ
音と空気の関係を理解する

✔ チェックしよう！

👆 音の発生

音の正体は物体の「ゆれ」によるものである。

音が発生する原因としては以下の3つがある。

① 物体のゆれによる音　（例）太鼓をたたく，ギターを弾く。

② 空気の流れ，物体の急速な移動による音　（例）スプレーの音，バットの素振り。

③ 空気の膨張，収縮による音　（例）雷，爆竹。

①，②，③はいずれも物体がゆれて音が発生している（②，③は空気がゆれている）。
このゆれを振動という。

> 音は物体が振動すること
> で発生するんだよ。

✌ 空気はどのように振動しているのか

音が空気を伝わるとき，空気自体が移動するのではなく，空気の振動が

次々と伝わっていく。このように，振動が伝わっていく現象を波という。

🤟 音の発生と実験器具

音の実験をするための器具として，以下のようなものがある。

おんさ・モノコード…音を発生させる（音源）。

オシロスコープ…音の大小や音の高低を確認する。オシロ
スコープの画面では横軸が時間，縦軸が振動の振れ幅を表
している。

オシロスコープ

確認問題

1 次の文の □ にあてはまることばを書きましょう。

・音の正体は物体の ① である。物体をたたいたり，ひっかいたりす

るほかに，雷のように空気を ② させたり， ③ させ

たりすることで発生する。

・音が空気を伝わるとき，空気の①が次々と伝わっていく。この現象を

④ という。

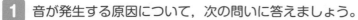

練習問題

1 音が発生する原因について，次の問いに答えましょう。

(1) 次の①～③は，それぞれ別の原因で音が発生する現象である。①～③と音が発生する原因が同じものを，ア～ウからそれぞれ１つずつ選びなさい。また，①～③それぞれ，何による音であるか簡単に説明しなさい。

① ギターを弾く　　　　　　　ア　爆竹

② バットの素振り　　　　　　イ　スプレーの音

③ 雷　　　　　　　　　　　　ウ　太鼓をたたく

① [　　　] [　　　　　　　　　　　　　　　　　　　　　　　　　　]

② [　　　] [　　　　　　　　　　　　　　　　　　　　　　　　　　]

③ [　　　] [　　　　　　　　　　　　　　　　　　　　　　　　　　]

(2) (1)の現象のうち，②と③は同じものがゆれて音が発生している。それは何ですか。

[　　　　　　　　　　　　　　]

2 次の実験器具のイラストを参考に問いに答えましょう。

実験器具の名前は音を発生させるものも観測するものもしっかり覚えよう！

(1) 音の実験で音源となるような実験器具を２つ答えなさい。

[　　　　　　　　　　　　　　　　　　　　　　　　　　　　　　]

(2) 音の振動のようすを確認するための実験器具を答えなさい。

[　　　　　　　　　　　　　　]

(3) (2)の実験器具では音のどんな性質がわかりますか。

[　　　　　　　　　　　　　　　　　　　　　　　　　　　　　　]

4 音の伝わり方
音の速さを求める

✔ チェックしよう！

 音の伝わり方

・音は振動により発生し，物体の中を波として伝わる。

・振動して音を発しているものを音源（発音体）という。

・音は，空気のような気体のほか，水などの液体，金属などの固体の中も伝わる。

・音は真空中では伝わらない。

 音の速さ

・音が空気中を伝わる速さは，約340m/s（メートル毎秒）である。

（例）打ち上げ花火を離れたところで見ていたら，花火が破裂したのを見てから5秒後に音が聞こえた。花火までの距離は何mか。

　　　⇒　340〔m/s〕×5〔s〕= 1700〔m〕

 約20℃での音の速さは，340m/sで，気温が上がると速くなっていくよ。

距離は，速さ×時間で求めるよ。

確認問題

1 次の文の　　　　にあてはまることばを書きましょう。

・音は物体の ①　　　　　　　によって発生し，物体の中を ②　　　　　　　として伝わる。

・音は，空気のような ③　　　　　　　のほか，④　　　　　　，

　⑤　　　　　　　の中も伝わる。

・音は ⑥　　　　　　　中では伝わらない。

2 次の問いに答えましょう。(2)，(3)で音が空気中を伝わる速さは(1)と同じものとします。

(1) 気温が20℃のとき，音が空気中を伝わる速さを答えなさい。

　　　　　　　　　　　　m/s

(2) 稲妻を見てから8秒後に音が聞こえた。稲妻までの距離は何mですか。

　　　　　　　　　　　　m

(3) 花火が光るのを確認した2.5秒後に音が聞こえた。花火の打ち上げ場所から花火を見ていた場所までの距離は何mですか。

　　　　　　　　　　　　m

1 音について，次の問いに答えましょう。

(1) たいこや音さなど，振動して音を発しているものを何といいますか。

[　　　　　　　　　　　　]

(2) 音の伝わり方について正しいものを，次から2つ選びなさい。

　　ア　音は，物体の中を波として伝わる。
　　イ　音は，空気などの気体の中だけを伝わる。
　　ウ　音は，気体，液体の中を伝わるが，固体の中は伝わらない。
　　エ　音は，真空中では伝わらない。

[　　] [　　]

(3) 右の図のように，同じ高さの音を出すA，B2つの音さがある。Aの音さをたたいて音を出したとき，Bの音さはどうなりますか。

[　　　　　　　　　　]

音の波が，空気中を
伝わっていくんだよ。

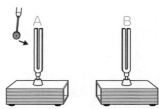

📈 ステップアップ

(4) 右の図のように，音を出しているブザーを糸でつるし，容器に入れて，真空ポンプで容器内の空気をぬいていった。

糸
ブザー
真空ポンプ

　① 空気をぬいていくと，ブザーの音はどうなっていくか。次から1つ選びなさい。

　　ア　大きくなっていく。　　　イ　小さくなっていく。　　　ウ　変わらない。

[　　]

　② ①の結果，何が音を伝えることがわかりますか。

[　　　　　]

2 音の速さについて，次の問いに答えましょう。

(1) 音の速さについて正しいものを，次から1つ選びなさい。

　　ア　音の速さは，気温が変わっても同じである。
　　イ　音の速さは，気温が上がると速くなっていく。
　　ウ　音の速さは，気温が上がるとおそくなっていく。

[　　]

(2) 稲妻を見てから音を聞くまで約3.5秒かかった。稲妻までの距離は何kmか。ただし，音が空気中を伝わる速さを340m/sとします。

[　　　　　 km]

第3章　光・音・力

5 音の大きさと高さ
振動のしかたと音のようす

✔チェックしよう！

 音の大きさ…振幅によって決まる

・振幅…音源が振れる幅。

・音源の振幅が大きいほど音は大きい。

✌ **音の高さ…振動数によって決まる**

・振動数…音源が一定時間に振動する回数。1秒間に1回振動するときを1Hz（ヘルツ）とする。

・音源の振動数が多いほど音は高い。

・モノコードは，①弦が短いほど，②弦が細いほど，③弦を強くはるほど高い音が出る。

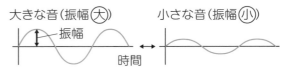

大きな音（振幅大）　　　小さな音（振幅小）
振幅　　　　　　　　　　　　時間

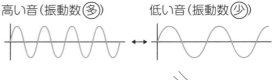

高い音（振動数多）　　　低い音（振動数少）

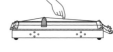

モノコード

音源の振動のようすと，音の大きさと高さについて覚えるよ。

確認問題

1 次の文の　□　にあてはまることばを書きましょう。

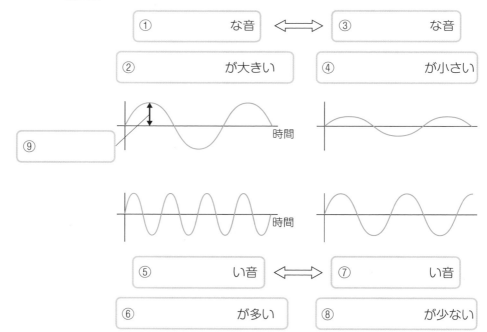

① な音	⟺	③ な音
② が大きい		④ が小さい

⑨

時間

時間

⑤ い音	⟺	⑦ い音
⑥ が多い		⑧ が少ない

1 音の性質について，次の問いに答えましょう。

(1) 音の大きさは何によって決まりますか。 [   ]

(2) 音の大きさは，(1)が大きいほどどうなりますか。 [   ]

(3) 音の高さは何によって決まりますか。 [   ]

(4) 音の高さは，(3)が多いほどどうなりますか。 [   ]

(5) 次の □ の中にあてはまる記号を入れなさい。
1秒間に振動する回数は □ という単位で表す。 [   ]

(6) 3秒間に450回振動するとき，振動数を求めなさい。 [Hz]

(7) 次の □ の中にあてはまることばを答えなさい。
右のようなモノコードを用いて，音の高さを調べた。
弦の長さが ① ほど，弦の太さが ② ほど，弦を
③ くはるほど，音は高くなった。

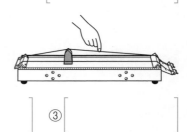

① [   ] ② [   ] ③ [   ]

↗ ステップアップ

2 モノコードではじいた音をオシロスコープで見ると，右の図のように
なった。また，弦の太さやはじく部分の長さ，はじく強さを変えるとA
〜Cのいずれかになった。これについて，あとの問いに答えましょう。

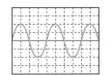

A
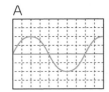

B
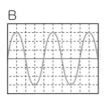

C
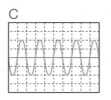

音の大きさは振幅，
音の高さは振動数で
決まるよ。

(1) 弦の太さを細くすると，A〜Cのどの波形になりますか。 [   ]

(2) 弦を強くはじくと，A〜Cのどの波形になりますか。 [   ]

(3) 弦をはじく部分を長くすると，A〜Cのどの波形になりますか。 [   ]

6 力のはたらき
力の三要素を覚える

✔チェックしよう！

 力のはたらき

①物体を変形させる。②物体を支える。③物体の動き（速さや向き）を変える。

力には弾性力，まさつ力，磁力（磁石の力），電気の力，重力などがある。

 力の三要素

①力のはたらく点（作用点）

②力の向き

③力の大きさ

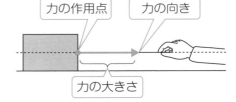

力の作用点　力の向き　力の大きさ

 重さと質量

・重さ…物体にはたらく重力の大きさ。
　　　　単位はニュートン（記号 N）。

・質量…はかる場所がちがっても変化しない物体そのものの量。単位は kg，g。

力のはたらきについて覚えるよ。

重さはばねばかりで，質量は上皿てんびんではかることができるよ。

確認問題

1 次の文の　　　　にあてはまることばを書きましょう。

 ・力には，物体を ① 　　　　させる，物体を ② 　　　　，物体の

③ 　　　　（速さや向き）を変えるはたらきがある。

・力の三要素

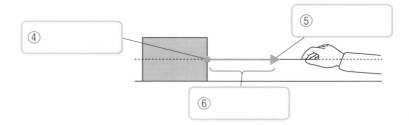

④　　　　⑤　　　　⑥

・物体にはたらく重力の大きさを ⑦ 　　　　といい，単位は

⑧ 　　　　である。

 ・はかる場所がちがっても変化しない物体そのものの量を ⑨ 　　　　といい，

単位は ⑩ 　　　　や ⑪ 　　　　である。

1 力のはたらきは，次の①〜③にまとめることができる。①〜③の力の例となるものを，あとのア〜オから，それぞれすべて選びましょう。

① 物体を変形させる。 [   ]

② 物体を支える。 [   ]

③ 物体の動き（速さや向き）を変える。 [   ]

　　ア　バッグを手に持っている。　　イ　テニスボールを押すとへこむ。
　　ウ　手でばねをのばす。　　　　　エ　ボールを打ち返す。
　　オ　ボールをミットで受ける。

2 右の図は，力の表し方を示したものである。
これについて，次の問いに答えましょう。

(1) 図の矢印の始点 A は，物体にはたらく力の
何を表していますか。 [   ]

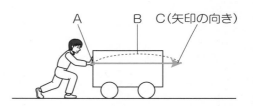

(2) 図の矢印の長さ B は，物体にはたらく力の何
を表していますか。 [   ]

(3) 図の矢印の向き C は，物体にはたらく力の何を表していますか。 [   ]

↗ ステップアップ

3 力にはいろいろな種類がある。次の力を何というか，答えましょう。

(1) ふれ合っている物体の間にはたらく，物体の動きをさまたげようとする力。

 自転車のブレーキは，この力を利用しているよ。
[   ]

(2) 変形した物体がもとにもどろうとするときに生じる力。 [   ]

(3) 地球や月などが，その中心に向かって物体を引っぱる力。 [   ]

4 重さと質量について正しいものを，次から 1 つ選びましょう。
　　ア　地球上と月の上では，質量は異なる。
　　イ　物体にはたらく重力の大きさを質量という。
　　ウ　はかる場所がちがっても変化しない物体そのものの量を質量という。
　　エ　重さは上皿てんびんで，質量はばねばかりではかることができる。
[   ]

7 力のはかり方・ばね

フックの法則とばねののびを理解する

✅ チェックしよう！

 力の大きさの単位

・ニュートン…記号は N で表す。1N の力は質量約 100g の物体にはたらく重力と同じである。

 力のはかり方

・フックの法則…ばねののびは，ばねを引く力の大きさに比例するという法則のこと。

・この法則があるため，ばねののびをはかると，ばねにかかる力の大きさをはかることができる。

（例）おもりを1個つるすと2cm のびるばねがある。このばねに，おもりを2個，3個…とつるしていくと，ばねののびは 4cm，6cm…となる。つまり，ばねを引く力が2倍，3倍となると，ばねののびも2倍，3倍となる。

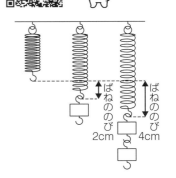

ばねののび 2cm　ばねののび 4cm

力の大きさと，ばねののびと関係を理解しよう。

確認問題

1 次の文の ☐ にあてはまることばを書きましょう。

 ・力の大きさの単位は ① ☐ で表し，記号は ② ☐ である。

③ ☐ の力は，質量約 100g の物体にはたらく重力と同じである。

 ・ばねののびは，ばねを引く力に ④ ☐ する。これを ⑤ ☐ の法則という。

 ・0.3N の力を加えると，4cm のびるばねがある。このばねに 0.6N の力を加えるとばねのびは ⑥ ☐ cm に，0.9N の力を加えるとばねののびは

⑦ ☐ cm になる。

 2 0.3N の力を加えると 2cm のびるばねがある。次の表の①〜⑤に数字を入れましょう。

ばねに加える力〔N〕	0	0.3	0.6	0.9	1.2
ばねののび〔cm〕	①	②	③	④	⑤

1 0.2N の力を加えると 0.9㎝のびるばねがある。このばねに 0.2N，0.4N，0.6N，と力を加えていった。これについて，次の問いに答えましょう。

(1) 次の表の①～⑦に数字を入れなさい。

力の大きさ〔N〕	0	0.2	0.4	0.6	0.8	1.0	1.2
ばねののび〔cm〕	①	②	③	④	⑤	⑥	⑦

(2) (1)の表をもとに，力の大きさとばねののびの関係を表すグラフを書きなさい。

(3) ばねに加える力を 2 倍，3 倍…と大きくしていくと，ばねののびはどのように変わりますか。

[   ]

(4) ばねに加える力と，ばねののびとの間には，どのような関係がありますか。

[   ]

(5) (4)のような関係を，何の法則といいますか。

[の法則]

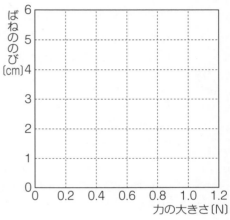

2 質量180g のおもりを長さ 10cm のばねにつるしたところ，ばねの長さは 13cm になった。これについて，次の問いに答えましょう。ただし，100g の物体にはたらく重力の大きさを 1N とします。

(1) このおもりにはたらく重力の大きさは何 N ですか。

[N]

(2) このばねを 1㎝のばすのに必要な力は何 N ですか。

[N]

↗ ステップアップ

(3) さらにおもりを加えたら，ばねの長さが 17cm になった。加えたおもりの重力は何 N ですか。

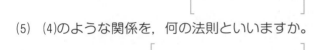

ばねののびと力の関係を思い出そう

[N]

(4) おもりの重さとばねののびの関係を表す次の表の①～⑤に数字を入れなさい。

おもりの重さ〔N〕	0	②	1.2	④	2.4
ばねののび〔cm〕	①	1	③	3	⑤

8 力の表し方
矢印を使った力の表し方

✔チェックしよう！

 面ではたらく力や重力の表し方

・面ではたらく力…物体を手のひらで押す場合，手と物体の接する面全体から，物体に力がまんべんなく全体にはたらいている。

・重力…物体の全体にまんべんなく，はたらいている。

・このように，全体に力がはたらいている場合，接する面の中心や物体の中心を作用点として，１本の矢印を，力の代表としてかく。

 力の表し方

・作用点は「・」で表し，作用点から矢印をのばして力の向きと大きさを表す。

・矢印の長さ…力の大きさと矢印の長さは比例する。

・矢印の位置…同一直線上に２つ以上の力がある場合，矢印が重なることがある。その場合，わかりやすくするために，矢印をずらすことがある。

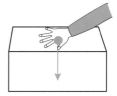

手が物体を押す力

矢印をずらすときは，向きは変えないけど作用点の位置をかえるよ。

確認問題

1 次の文の ▢ にあてはまることばを書きましょう。

・物体を手のひらで押す場合，手と物体の接する ① ▢ から力がかかっている。

・力が全体にはたらいている場合，面や物体の中心を ② ▢ とする１本の

③ ▢ を，力の代表としてかく。

・②から力の向きに矢印をのばして力の大きさや ④ ▢ を表す。矢印の長さは，力の大きさに ⑤ ▢ する。

力の三要素は，作用点，力の向き，力の大きさだったね。

1 力の表し方について，次の問いに答えましょう。

(1) 力の見つけ方と表し方の順番について，次の①～④を正しい順番で並べなさい。

　　ア　力の大きさに比例した長さの矢印をかく。

　　イ　物体にはたらいている力と作用点を見つける。

　　ウ　どの物体にはたらく力を考えるか決める。

　　エ　物体の動きや力のはたらく向きを考えて，矢印の向きを決める。

$$[\quad\quad → \quad\quad → \quad\quad → \quad\quad]$$

(2) (1)の通りに作用点を見つけたとしても，作用点をずらすことがあります。それは，なぜですか。

$$[\qquad\qquad\qquad\qquad\qquad\qquad]$$

(3) (1)の手順で力を矢印で表すための条件を簡単に書きましょう。

$$[\qquad\qquad\qquad\qquad\qquad\qquad]$$

(4) (3)の条件を満たした力の具体的な例を１つ書きましょう。

$$[\qquad\qquad\qquad\qquad\qquad\qquad]$$

2 次の問いに答えましょう。

(1) 力を矢印で表すとき，矢印の長さに比例するものは，力の三要素のうちどれですか。

$$[\qquad\qquad\qquad\qquad\qquad\qquad]$$

(2) 力の三要素のうち，「・」で表わすものとして正しいものを，次から１つ選びなさい。

　　ア　作用点

　　イ　力の向き

　　ウ　力の大きさ

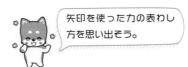

矢印を使った力の表わし方を思い出そう。

$$[\qquad\qquad]$$

(3) 力の表し方について，正しい文を次から１つ選びなさい。

　　ア　力の大きさと矢印の長さは比例している。

　　イ　作用点は，常に物体の表面にある。

　　ウ　矢印で力を表すときは，なるべく多くの矢印で表す。

　　エ　作用線は，地面にひく。

$$[\qquad\qquad]$$

(4) 重力の作用点は，物体のどこにありますか。

$$[\qquad\qquad\qquad\qquad\qquad\qquad]$$

9 2力のつり合い
重力と垂直抗力，まさつ力をおさえる

✔チェックしよう！

☝ 2力のつり合い

・1つの物体に2つ以上の力がはたらいていて，物体が動かないとき，物体にはたらく力はつり合っているという。

・2力のつり合う条件は，①2力の大きさが等しい，②2力の向きが反対である，③2力が同一直線上にある（作用線が一致する）の3つである。

> 3つのうち1つでも成り立たないと，その物体は動くよ。

✌ 重力のつり合い

・机の上に置いた物体には，重力と，机の面から物体にはたらく力である垂直抗力（すいちょくこうりょく）がはたらく。

・垂直抗力…物体が面を押すとき，重力と同じ大きさで，反対向きにはたらく。

🤟 まさつ力

・物体が動こうとする向きと反対向きに，物体どうしがふれ合う面にはたらく力をまさつ力という。

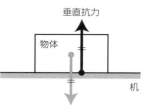

確認問題

1 次の □ にあてはまることばを書きましょう。

☝ ・2力がつり合う条件は，2力の大きさが ① □ ，2力の向きが

② □ である，2力が ③ □ にある，の3つである。

・1つの物体に2つ以上の力がはたらいて物体が動かないとき，物体にはたらく力は

④ □ いる。

✌ ・机の面から物体にはたらく力を ⑤ □ という。

🤟 ・まさつ力は，物体が動こうとする向きと，⑥ □ 向きにはたらく。

🤟 **2** 次の図は物体を机の上に置いたときのようす表したもので，矢印は物体にはたらく力を示している。A，Bが示している力をそれぞれ何というか答えなさい。

A □　　B □

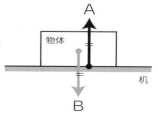

1 右の図のように，0.5kg の本を机の上に置いた。これについて，次の問いに答えましょう。
ただし，100g の物体にはたらく重力を 1N とします。

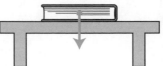

(1) この本には，重力以外にもある力がかかってい
ます。この力の名前を答えましょう。

[   ]

(2) (1)の向きは重力と比べてどうですか。また，その大きさを求めなさい。

向き [   ]　　大きさ [N]

(3) (1)の力を下の図にかき加えなさい。

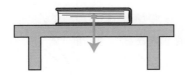

↗ ステップアップ

2 右の図のように，ある物体をひもで引いたところ，
物体は動かなかった。これについて，次の問いに答
えましょう。

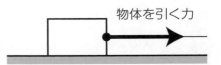
物体を引く力

(1) この物体が動かなかったのは，何という力が原因ですか。　[   ]

(2) (1)の力の大きさと向きは，物体を引く力と比べて，それぞれどうですか。

大きさ [   ]　　向き [   ]

3 次の問いに答えなさい。
(1) 水平な床に置いた物体にはたらく，重力とつり合う力を何というか答えなさい。

[   ]

(2) (1)の力の大きさと向きは，重力と比べて，それぞれどうですか。

[   ]

物体が動かないとき，
力はつりあっているよ。

1 大地を伝わる地震のゆれ

震源と震央・地震のゆれを学ぼう

✔チェックしよう！

震源と震央

・地震のゆれが発生した地下の場所を震源という。地上の震源の真上の地点を震央という。

・地震が起こると，震源からまわりへと，岩石の中を波として伝わっていく。

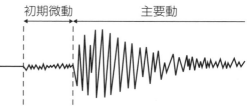

初期微動　　　主要動

地震のゆれ

・初期微動…Ｐ波によって，はじめに起こる小さなゆれ。

・主要動…Ｓ波によって，あとからくる大きなゆれ。

・初期微動継続時間…Ｐ波が到着してからＳ波が到着するまでの時間のこと。震源からの距離が大きくなるほど，長くなる。

地震は地下で発生するよ。

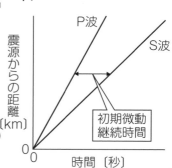

P波
S波
震源からの距離〔km〕
初期微動継続時間
時間〔秒〕

確認問題

1 次の文の▢にあてはまることばを書きましょう。

・地震のゆれで，はじめにくる小さなものを ① ▢ といい，

② ▢ 波によって起こる。

・地震のゆれで，あとからくる大きなものを ③ ▢ といい，

④ ▢ 波によって起こる。

・②が到着してから④が到着するまでの時間のことを ⑤ ▢

という。

2 次の図は，地震が発生したときのようすを表したものである。▢にあてはまることばを書きましょう。

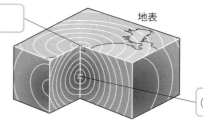

① ▢
地表
② ▢

1 右の図は，地震が発生したときのようすを模式的に表した
ものである。これについて，次の問いに答えましょう。

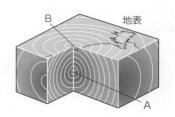

(1) 地震について正しいものを，次から1つ選びなさい。

　　ア　地震のゆれは，地下のマグマに流れが起こって発
生する。

　　イ　初期微動継続時間は，震源からの距離が大きいほ
ど短くなる。

　　ウ　地震の波が伝わる速さは一定である。 [　　　]

(2) 地震が起こると，そのゆれは地震が発生した場所から，まわりの岩石の中を何として
伝わりますか。 [　　　　　　　　　　]

(3) 図で，地震が発生した場所Aと，その真上の地点Bをそれぞれ何といいますか。

 地震の波の種類を思い出そう。 A [　　　　　] B [　　　　　]

2 右の図は，地震のゆれを記録したものである。これについて，次の問いに答えましょう。

(1) はじめにくる，Aのゆれを何といいますか。
また，Aのゆれを起こす波を何といいますか。

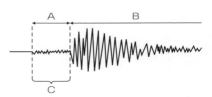

[　　　　　] [　　　　　]

(2) あとからくるBのゆれを何といいますか。
また，Bのゆれを起こす波は何ですか。

[　　　　　] [　　　　　]

(3) Aのゆれが続くCの時間を何といいますか。 [　　　　　]

(4) この地点での初期微動継続時間を20
秒とする。右のグラフを参考に，震源
からの距離を求めなさい。このグラフ
は，P波とS波が発生してから到達す
るまでの時間と，震源からの距離との
関係を表したものである。

[　　　　] km

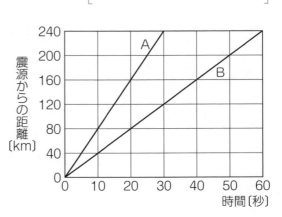

2 ゆれの大きさと地震の規模

震度とマグニチュード

✔チェックしよう！

👆 震度とマグニチュード

・震度…ある地点での地震によるゆれの大きさのこと。震度の階級は，０〜７の
10段階で表される（０，１，２，３，４，５弱，５強，６弱，６強，７の10種類
である）。

・マグニチュード（記号 M）…地震そのものの規模の大きさのこと。マグニチュー
ドの数値が１大きくなると，エネルギーは約32倍になる。

> 震度では，地震そのものの大きさ
> ははかれないよ。だから，マグニ
> チュードが必要なんだ。

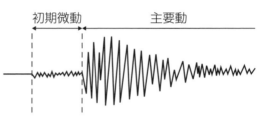

初期微動　　　　　主要動

確認問題

👆 1 次の文の □ にあてはまることばを書きましょう。

・地震によるゆれの大きさを ① _____ という。

・地震の規模の大きさを ② _____ といい，記号は ③ _____ で表す。

・マグニチュードが１大きくなると，エネルギーは約 ④ _____ 倍，マグニチュー
ドが２大きくなると，エネルギーは約 ⑤ _____ 倍になる。

・震度は ⑥ _____ から ⑦ _____ に分かれており，震度 ⑧ _____ と震度
⑨ _____ には強弱があるため，全部で ⑩ _____ 段階である。

1 次の問いに答えましょう。

(1) 震度やマグニチュードについて述べた文として正しいものを，次から１つ選びなさい。

　　ア　マグニチュードが小さいと，被害も小さい。

　　イ　震度は場所によってちがう。

　　ウ　マグニチュードは場所によってちがう。

　　エ　震源からの距離が同じであれば震度は同じである。

$$\left[\right]$$

(2) マグニチュードの数値が１大きくなると，エネルギーは約何倍になりますか。また，マグニチュードは記号で何と書きますか。

$$\left[\text{約}倍\right]\left[\right]$$

(3) 地震によるゆれの大きさを何といいますか。また，このゆれの大きさは日本では何段階に分けられていますか。

$$\left[\right]\left[段階\right]$$

(4) 地震そのものの規模の大きさを表すものは何ですか。

$$\left[\right]$$

(5) 地震によるゆれの大きさの階級のうち，強と弱に分けられるものを２つ答えなさい。

$$\left[\right]\left[\right]$$

ゆれの大きさを示す階級はどのように分けられているかな。

↗ ステップアップ

2 次の問いに答えましょう。

地震のゆれを感じた後，テレビには各地の震度が映しだされたが，各地の震度が異なっていた。各地の震度がちがう理由を２つ答えなさい。

$$\left[\right]$$

$$\left[\right]$$

3 地震が起こるしくみ
大地の変動と地震のしくみを理解しよう

✔チェックしよう！

🖐 地震の起こるしくみ

・浅い震源は，海溝に多い。

・プレート…十数枚のかたい板の形をしていて，地球表面をおおっている岩石のかたまりのこと。

・地震が起こるしくみ
①海洋プレートが大陸プレートの下に沈みこむ。
②大陸プレートが海洋プレートに引きずりこまれる。
③岩石が破壊される。

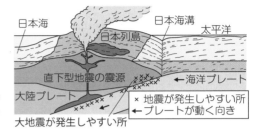

日本海　日本列島　日本海溝　太平洋
直下型地震の震源　←海洋プレート
大陸プレート
大地震が発生しやすい所
× 地震が発生しやすい所
← プレートが動く向き

✌ 大地の変動

・断層…大地が割れてできたずれ。くり返し活動したあとがあり，今度も活動して地震を起こす可能性がある断層を活断層という。

・隆起…大地がもち上がること。　・沈降…大地が沈むこと。

・海岸段丘…海岸ぞいにできる，平らな土地と急ながけが階段状に並んだ地形。

確認問題

1 次の文の □ にあてはまることばを書きましょう。

🖐 ・日本付近の震源の分布に注目すると，① _____ にそって震源の浅い地震が多い。これは，② _____ プレートが ③ _____ プレートの下に沈みこみ，岩石が破壊されて地震が起こるからである。

✌ ・大地が割れてできたずれを ④ _____ という。④のうち，今度も活動して地震を起こす可能性がある断層を ⑤ _____ という。また，海岸ぞいにできる，平らな土地と急ながけが階段状に並んだ地形を ⑥ _____ という。

地震が起こる原因を理解するよ。

練習問題

1 右の図は，日本付近のプレートのようすと地震が起こるところを表したものである。次の問いに答えましょう。

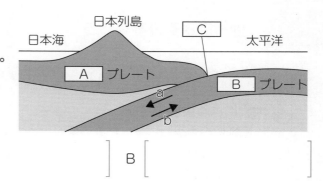

(1) 図の A，B にあてはまることばを書きましょう。

A [　　　　　　　]　　B [　　　　　　　]

(2) B のプレートは，a，b のどちらに動いていますか。

[　　　　　　　]

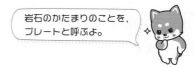

岩石のかたまりのことを，プレートと呼ぶよ。

(3) 震源の分布について正しいものを，次から1つ選びなさい。

ア　震源の深さは，北へ行くほど深く，南へ行くほど浅くなる。

イ　震源の深さは，太平洋側で浅く，日本海側で深くなる。

ウ　震源の深さは，場所によらずほとんど変わらない。

エ　震源の深さがどのように決まるのか，今でもよくわかっていない。

[　　　　　　　]

(4) 地震が起こる原因として正しいものを，次から1つ選びなさい。

ア　海洋プレートが大陸プレートの下に沈みこんで，岩石が破壊される。

イ　大陸プレートが海洋プレートの下に沈みこんで，岩石が破壊される。

ウ　海洋プレートが大陸プレートに正面からぶつかって，岩石が破壊される。

エ　大陸プレートと海洋プレートが離れていくことで，岩石が破壊される。

[　　　　　　　]

2 次の問いに答えましょう。

(1) 大地に力が加わってできたずれを何といいますか。

[　　　　　　　]

(2) 大規模な地震が起こり，大地がもち上がることを何といいますか。

[　　　　　　　]

スマホでサクッとチェック ≫ P2

4 地震による災害

地震による災害を知ろう

✔チェックしよう！

地震による災害

・地震による災害には，地震のゆれによる直接的な被害（一次災害）と，一次災害をきっかけに続けて起きる被害（二次災害）がある。

　　一次災害…建物の倒壊，地滑り，地割れ，土砂崩れ，液状化現象

　　二次災害…津波，火災，ライフラインの遮断

・津波は，地震による大規模で急激な海底の変化によって起こる。また，震央が海域にあり，震源が浅いときに発生しやすい。

地震による二次災害を防ぐために

・地震発生時には緊急地震速報が発表される。津波や火災，建物の倒壊から身を守るためには，速報が出たときの正しい行動が重要である。

・緊急地震速報はP波とS波の速さのちがいを利用して発表される。全国1690か所の観測地点で観測されるP波のゆれを検知し，S波が到着する前に発表されるしくみである。

> 緊急地震速報が発表される仕組みは覚えておこう。

確認問題

1 次の問いに答えましょう。

(1) 地震のゆれによる直接的な災害の例を2つあげなさい。

　　　　　　　　　　□□□　　　□□□

(2) 地震による二次災害の例を2つあげなさい。

　　　　　　　　　　□□□　　　□□□

2 次の文の □ にあてはまることばを書きましょう。

・緊急地震速報は ① [　　] 波と ② [　　] 波の

　③ [　　] のちがいを利用して発表されている。

1 津波が発生しやすい地震とはどんな地震か説明しましょう。

[   ]

2 表はある地点の地震のゆれを観測した結果である。次の問いに答えましょう。
ただし，地震のゆれは一定の速さで伝わるものとする。

震源からの距離	P 波の到着時刻	S 波の到着時刻
60km	7 時 3 分 42 秒	7 時 3 分 52 秒
90km	7 時 3 分 47 秒	7 時 4 分 02 秒
150km	7 時 3 分 57 秒	7 時 4 分 22 秒

(1) 表より P 波と S 波の速さを求めなさい。

P波 [   ]   S波 [   ]

(2) この地震の発生時刻を求めなさい。

[   ]

📈 ステップアップ

(3) この地震で，震源から 18km 離れた地点に P 波が到着してから 5 秒後に緊急地震速報
が発表された。震源から 120km 離れた地点で緊急地震速報が発表されてから主要動
が観測されるまでの時間が，何秒であったか求めなさい。

[秒]

> 地震の波の到着時刻と震源距離のそれぞれ
> の差からP波，S波の速さが求まるよ。

3 地震が発生したときに屋内にいる場合の行動として，正しいものをすべて選びなさい。
ア　上の階にいる場合はエレベーターを使って避難する。
イ　机の下にもぐって，まずは身の安全を守る。
ウ　戸やドアがしっかりと閉まっていることを確認する。
エ　はだしで行動しない。
オ　棚や家具などの倒れやすいものを支える。

[   ]

5 火山の活動
火山の形のちがいをおさえる

✔チェックしよう！

👆 火山の噴火

- マグマ…地下にある岩石が，地球の内部の熱によってどろどろにとけたもの。
- 火山噴出物…噴火のときにふき出したもの。マグマの一部。
- 鉱物…火山噴出物にふくまれるマグマが冷えてできた粒で，結晶になったもの。

　無色鉱物⇨セキエイ，チョウ石など

　有色鉱物⇨クロウンモ，カクセン石，キ石，カンラン石など

✌ マグマと火山

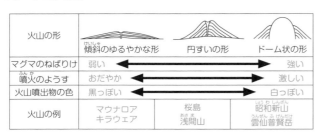

火山の形	傾斜のゆるやかな形	円すいの形	ドーム状の形
マグマのねばりけ	弱い ←――――――→		強い
噴火のようす	おだやか ←――――――→		激しい
火山噴出物の色	黒っぽい ←――――――→		白っぽい
火山の例	マウナロア キラウェア	桜島 浅間山	昭和新山 雲仙普賢岳

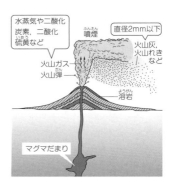

火山の形は3つに分類されるよ。

確認問題

1 次の　　　にあてはまることばを書きましょう。

👆 ・地下にある岩石が，地球内部の熱でどろどろにとけたものを ①　　　　　　　　　

　という。火山が噴火したときに噴出する，溶岩や火山ガス，火山弾，火山ガスなど

　を ②　　　　　　　　という。

✌ ・マグマのねばりけが ③　　　　　　　とおだやかに噴火し，マグマのねばり

　けが ④　　　　　　　と激しい噴火をする。

✌ ・マグマのねばりけが ⑤　　　　　　　と傾斜のゆるやかな形の火山になり，

　マグマのねばりけが ⑥　　　　　　　とドーム状の形の火山になる。

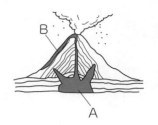

1 右の図は，火山が噴火しているようすを模式的に表したものである。これについて，次の問いに答えましょう。

(1) 火山の噴火とは，A が地表にふき出すことである。A を何といいますか。

[   ]

(2) B は，A が地表に流れ出したものである。B を何といいますか。 [   ]

(3) 火山の噴火によってふき出したものを火山噴出物という。次の噴出物を何といいますか。

① マグマが冷えて固まったものが爆発によって細かく割れたもので，直径 2 mm 以下の粒。

② 空中で冷えて固まったもので，固まる前に火山ガスがぬけ出ることで，多数の穴があいた石。

① [   ] ② [   ]

2 右の図は，いろいろな火山の形を模式的に表したものである。これについて，次の問いに答えましょう。

(1) 火山の形は，マグマのねばりけのちがいによって決まる。A～C をマグマのねばりけの強いほうから順に並べなさい。

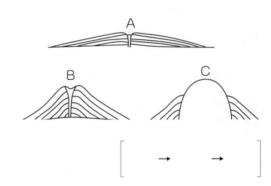

[→   →   ]

(2) A～C のうち，火山の噴火のようすが最も激しいものはどれですか。

[   ]

(3) A～C のうち，火山噴出物の色が最も黒っぽいものはどれですか。

[   ]

(4) B のような形をした火山を，次から 2 つ選びなさい。

ア 昭和新山　　イ キラウェア　　ウ 浅間山
エ 雲仙普賢岳　オ マウナロア　　カ 桜島

火山を 3 つの形に分類してみよう。

[   ][   ]

6 火成岩

火山岩と深成岩のちがいを覚える

✔チェックしよう！

 火成岩…**マグマが冷え固まってできた岩石。**

種類	火山岩	深成岩
できた場所	地表や地表付近	地下の深いところ
でき方	急に冷えて固まる	ゆっくり冷えて固まる
つくり	斑状組織 細かい粒の部分（石基）の中に，比較的大きな鉱物（斑晶）が散らばっている。 石基　斑晶	等粒状組織 ほぼ同じ大きさの鉱物が集まっている。
岩石の例	流紋岩, 安山岩, 玄武岩	花こう岩, せん緑岩, 斑れい岩

火成岩がどこでできたかがポイントだよ。

確認問題

1 次の文の□□□にあてはまることばを書きましょう。

• マグマが，地表や地表付近で ① □□□ 冷えて固まった岩石を
② □□□ という。

• マグマが，地下の深いところで ③ □□□ 冷えて固まった岩石を
④ □□□ という。

• 火山岩は，⑤ □□□ 組織，深成岩は，⑥ □□□ 組織をもつ。

2 次の図は，火山岩のつくりを表したものである。□□□にあてはまることばを書きましょう。

① ②

1 右の図は，安山岩と花こう岩のつくりを表したものである。これについて，次の問いに答えましょう。

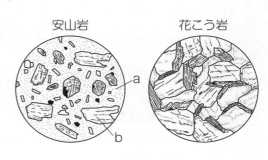

安山岩　　　花こう岩

(1) 安山岩や花こう岩のように，マグマが冷えてできた岩石を何といいますか。

[　　　　　　　　　]

(2) 安山岩に見られる細かい粒の部分 a と，大きな鉱物の部分 b をそれぞれ何といいますか。

a [　　　　　　] b [　　　　　　]

(3) 安山岩のような岩石のつくりを何組織といいますか。

[　　　　　　 組織]

(4) 花こう岩のように，ほぼ同じ大きさの鉱物が集まっている岩石のつくりを何組織といいますか。

[　　　　　　 組織]

等しい大きさの「粒」がそろっている，ということだね。

2 右の図は，2種類の火成岩を観察してスケッチしたものである。これについて，次の問いに答えましょう。

A　　　　　　B

(1) 火成岩のうち，A，B のようなつくりをもつ岩石の種類をそれぞれ何といいますか。

A [　　　　　　] B [　　　　　　]

(2) A の岩石のでき方として正しいものを，次から1つ選びなさい。

ア　地下の深いところで，ゆっくり冷え固まってできた。
イ　地下の深いところで，急に冷え固まってできた。
ウ　地表や地表付近で，ゆっくり冷え固まってできた。
エ　地表や地表付近で，急に冷え固まってできた。

[　　　]

(3) B のようなつくりをもつ火成岩を，次からすべて選びなさい。

ア　花こう岩　　イ　せん緑岩　　ウ　流紋岩
エ　安山岩　　　オ　玄武岩　　　カ　斑れい岩

[　　　]

2種類の岩石に分類してみよう。

7 地層のでき方
流れる水のはたらきをおさえる

✔チェックしよう！

 流れる水のはたらき

・風化…太陽の熱や水のはたらきで，地表の岩石が表面からくずれていくこと。

・侵食…流水が，地表の土や岩石を少しずつけずりとること。

・運搬…流水が，土砂（れき，砂，泥など）を下流へ運んでいくこと。

・堆積…水が土砂などを水底に積もらせること。

> 侵食，運搬，堆積の3つのはたらきをおさえよう。

地層のでき方

・海や湖に流れ込んだ土砂が，水底に堆積する。これがくり返されて地層ができる。

・粒の大きなれきなどは速く沈み，粒の小さな泥などは沈みにくいため沖まで運ばれて堆積する。

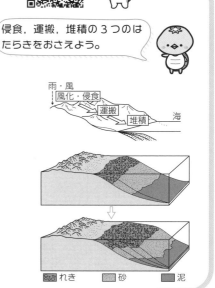

確認問題

1 次の□にあてはまることばを書きましょう。

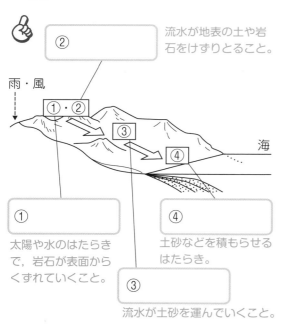

② _____　流水が地表の土や岩石をけずりとること。

雨・風

① _____　太陽や水のはたらきで，岩石が表面からくずれていくこと。

④ _____　土砂などを積もらせるはたらき。

③ _____　流水が土砂を運んでいくこと。

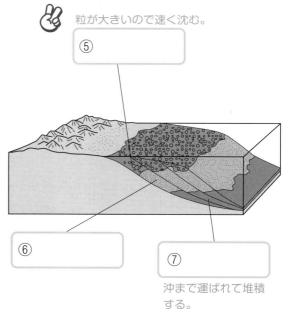

⑤ _____　粒が大きいので速く沈む。

⑥ _____

⑦ _____　沖まで運ばれて堆積する。

1 地表の変化について，次の問いに答えましょう。

(1) 太陽の熱や水のはたらきで，地表の岩石が表面からくずれていくことを何といいますか。

［　　　　　　　］

(2) 川の上流など，流れが速いところで，流れる水が川岸や川底の岩石をけずる作用を何といいますか。

［　　　　　　　］

(3) 流れる水が，(2)のはたらきによってできた土砂を運ぶはたらきを何といいますか。

［　　　　　　　］

(4) 流れる水によって運ばれた土砂が，海底や湖底などに積もる作用を何といいますか。

［　　　　　　　］

2 下の図のように，流水台に土砂をのせ，水を上から流してれき，砂，泥の広がりを観察した。これについて，次の問いに答えましょう。

(1) れき，砂，泥を上流から積もった順番に並べたときの組み合わせとして正しいものを，次から1つ選びなさい。

ア　砂　泥　れき
イ　砂　れき　泥
ウ　れき　砂　泥
エ　れき　泥　砂

［　　　　　］

粒が小さいほど，遠くまで運ばれるんだよ。

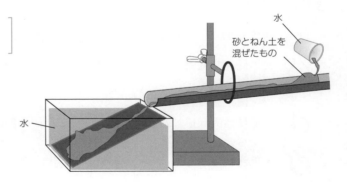
水
砂とねん土を混ぜたもの
水

(2) この実験で観察できるものと同様に，実際の地形でも，川の上流から運ばれた土砂が堆積し，山地から平野に出たところで扇を広げたような形の平らな地形ができる。この地形を何といいますか。

［　　　　　　　］

8 堆積岩
堆積岩の特徴を覚える

✔チェックしよう！

堆積岩…地層をつくっている堆積物が，長い年月の間に押し固められてできた岩石。

・流水によって運ばれた岩石の粒は丸みを帯びている。

・化石をふくむことがある。

> れき，砂，泥は粒の大きさがちがうよ。

堆積岩の種類

堆積岩	堆積物	特徴など
れき岩	流水によって運ばれた岩石などのかけら。	れき（直径 2mm 以上）
砂岩		砂（直径 0.06 ～ 2mm）
泥岩		泥（直径 0.06mm 以下）
石灰岩	水中の生物の遺がいなど。	うすい塩酸をかけると二酸化炭素が発生する。
チャート		うすい塩酸をかけても気体は発生しない。
凝灰岩	火山灰，火山れき，軽石などの火山噴出物。	粒は角ばっている。

確認問題

1 次の文の［　　　］にあてはまることばを書きましょう。

・地層をつくっている堆積物が，長い年月の間に押し固められてできた岩石を
　①［　　　　　　　］という。

・堆積岩の粒は，ふつう ②［　　　　　　　］を帯びている。

・れき岩，③［　　　　　　　］岩，泥岩は，粒の大きさによって区別される。

・水中の生物の遺がいなどが堆積してできた ④［　　　　　　　］は，うすい塩酸を
　かけると気体が発生する。

・水中の生物の遺がいなどが堆積してできた ⑤［　　　　　　　］は，うすい塩酸を
　かけても気体が発生しない。

・火山灰，火山れき，軽石などの火山噴出物が堆積してできた堆積岩を
　⑥［　　　　　　　］という。

練習問題

1 次の図は5種類の堆積岩を観察してスケッチしたものである。これについて，あとの問い
に答えましょう。

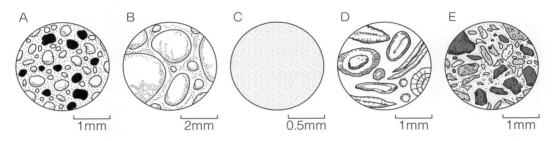

(1) A～Cの岩石は，れき岩，砂岩，泥岩のいずれかであることがわかった。れき岩，砂岩，
泥岩は，何によって区別されるか。次から1つ選びなさい。

　ア　粒のかたさ　　　イ　粒の直径　　　ウ　粒の重さ　　　エ　粒の重さ

[　　　]

(2) Dの岩石をある方法で調べたところ，生物の遺がいなどが堆積してできた石灰岩であ
ることがわかった。調べた方法として正しいものを，次から1つ選びなさい。

　ア　うすい塩酸をかけると水素が発生する。
　イ　うすい塩酸をかけると二酸化炭素が発生する。
　ウ　うすい過酸化水素水をかけると水素が発生する。
　エ　うすい過酸化水素水をかけると二酸化炭素が発生する。

[　　　]

(3) Eの岩石は，火山灰などが堆積してできた岩石であった。
　① Eの岩石の名前を答えなさい。

[　　　]

↗ ステップアップ

　② 地層にEの岩石がふくまれていたとき，この層が堆積した当時，この付近でどの
ようなことがあったことがわかるか。簡単に説明しなさい。

[　　　]

火山噴出物が堆積してで
きたことから考えるよ。

9 地層の種類と化石
地層や化石から大地の歴史を探る

✔チェックしよう！

 地層の観察

- ・下にある層ほど古く，上にある層ほど新しい。
- ・れきの層→海岸近くで堆積した。
- ・砂の層→少し沖で堆積した。
- ・泥の層→沖合いで堆積した。
- ・火山灰の層→堆積した当時，火山の噴火があった。
- ・化石をふくむ層→堆積した当時の環境や堆積した
  時代がわかる。
- ・しゅう曲・断層→地層に力がはたらいた。

火山灰の層のように，地層のつながりがわかる手がかりになる層をかぎ層というよ。

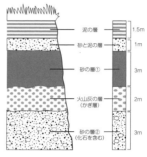

	泥の層	1.5m
砂と泥の層	1m
砂の層①	3m
火山灰の層（かぎ層）	2m
砂の層②（化石をふくむ）	3m

地層の重なり方を一本の柱のように表したものを柱状図という。

 化石…生物の死がいや，すんでいたあとが地層中に残っているもの。

示相化石 地層ができた当時の環境がわかる。	浅い海	あたたかく浅い海	湖や河口
	アサリ，ハマグリの化石など	サンゴの化石など	シジミの化石など
示準化石 地層ができた当時の年代がわかる。	古生代	中生代	新生代
	サンヨウチュウなど	アンモナイト，恐竜など	メタセコイア，ナウマンゾウなど

確認問題

1 次の　　にあてはまることばを書きましょう。

- ・地層の重なり方を一本の柱のように表したものを ① 　　　　　 という。

- ・地層に力がはたらいて，押し曲げられたものを ② 　　　　　 という。

- ・地層ができた当時の環境がわかる化石を ③ 　　　　　 という。

- ・アサリやハマグリの化石が見つかれば，その地層ができた当時

  ④ 　　　　　 であったことがわかる。

- ・アンモナイトの化石が見つかれば，その地層ができた年代は

  ⑤ 　　　　　 であったことがわかる。

1 次の問いに答えましょう。

(1) 次の文の 　　　 にあてはまることばをあとの 　　　 から選んで書きましょう。

海岸近くで堆積した地層は ① でできていることが多く，沖合いで堆積した地層は ② でできていることが多い。また，少し沖で堆積した地層は ③ でできていることが多い。

> 砂　　れき　　泥

① [　　　　　　]　　② [　　　　　　]　　③ [　　　　　　]

(2) 右の図のように，地層の重なりを一本の柱のように表したものを何といいますか。　　[　　　　　　]

- 泥の層
- 砂と泥の層
- 砂の層①
- 火山灰の層（かぎ層）
- 砂の層②（化石を含む）

(3) 右の図の地層では，砂の層①と泥の層では，どちらが新しくできた層といえますか。　　[　　　　　　]

> ふつう，地層が堆積した順番は柱状図で見たときの地層の上下でわかるよ。

2 化石について，次の問いに答えましょう。

(1) 次の文の 　　　 にあてはまることばを書きましょう。

地層中に残された生物の死がいや，すんでいたあとを ① という。①のうち，地層が堆積した当時の環境を知る手がかりとなるものを ② ，地層が堆積した年代を知る手がかりとなるものを ③ という。

① [　　　　　　]　　② [　　　　　　]　　③ [　　　　　　]

(2) 次の環境で生きていたと思われる(1)の①を，あとの 　　　 から１つずつ選びなさい。

A　湖や河口 [　　　　　　]　　　B　あたたかくて浅い海 [　　　　　　]

C　浅い海 [　　　　　　]　　　　D　新生代 [　　　　　　]

> アサリ　　サンゴ　　シジミ　　サンヨウチュウ
> アンモナイト　　恐竜　　ナウマンゾウ

10 地形からわかる大地の変動
大地の変動と地形を理解する

✔チェックしよう！

大地の変動
- 断層…大地が割れてできたずれ。
- 隆起…大地がもち上がること。
- 沈降…大地が沈むこと。
- しゅう曲…大地が波打つように曲がること。

地形
- 海溝…海底にある深い溝。
- 海嶺…海底にある山脈。

日本列島
- 日本付近では，太平洋（海洋）プレートが大陸プレートの下に沈みこみ，日本海溝ができる。
- その結果，日本列島には巨大な山脈や山地が位置する。

> プレートの動きは地震が起こる原因でもあるよ。

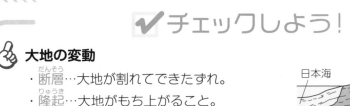

日本海　日本列島　日本海溝　太平洋
直下型地震の震源　海洋プレート
大陸プレート
大地震が発生しやすい所
× 地震が発生しやすい所
← プレートが動く向き

北アメリカプレート（大陸プレート）
ユーラシアプレート（大陸プレート）
南西諸島海溝
日本海
太平洋プレート（海洋プレート）
伊豆・小笠原海溝
フィリピン海プレート（海洋プレート）

確認問題

1 次の □ にあてはまることばを書きましょう。

- 大地がもち上がることを ① □，大地が沈むことを ② □ という。

- 日本列島では，③ □ が複数の大陸プレートとぶつかりあって大陸プレートの下に沈みこむため，④ □ とよばれる溝ができる。そして，大陸プレート同士がおし上げられて巨大な ⑤ □ や山地ができる。

2 次の □ にプレートの名前を書きましょう。

① □
② □
③ □
④ □

1 次の問いに答えましょう。

(1) 次の①〜③の大地の変動を表すことばの意味を，簡単に説明しなさい。

① 断層

[ ]

② 隆起

[ ]

③ しゅう曲

[ ]

しゅう曲についてもおさ
えておこう。

(2) 次の文が成り立つように（ ）内からあてはまる語句を選び，記号で答えなさい。
ヒマラヤ山脈のような大山脈はプレート同士が衝突し，
(a 押し上げられて b 押し下げられて) できた。

[ ]

(3) 大陸プレートであるものを，次からすべて選びなさい。
ア 北アメリカプレート イ フィリピン海プレート
ウ ユーラシアプレート エ 太平洋プレート

[ ]

2 次のようになっている地形を何というか，答えなさい。

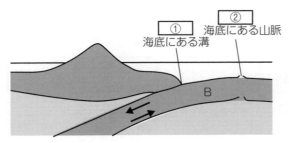

① [ ] ② [ ]

初版
第 1 刷　2021 年 7 月 1 日　発行

●編　者
　　数研出版編集部
●カバー・表紙デザイン
　　株式会社クラップス

発行者　　星野　泰也

ISBN978-4-410-15537-6

新課程　とにかく基礎　中1理科

発行所　　**数研出版株式会社**

本書の一部または全部を許可なく
複写・複製することおよび本書の
解説・解答書を無断で作成するこ
とを禁じます。

〒101-0052　東京都千代田区神田小川町 2 丁目 3 番地 3
　　　　　　　〔振替〕00140-4-118431
〒604-0861　京都市中京区烏丸通竹屋町上る大倉町205番地
〔電話〕代表　(075)231-0161
ホームページ　https://www.chart.co.jp
印刷　創栄図書印刷株式会社
　　　乱丁本・落丁本はお取り替えいたします　210601

第1章 植物の生活と種類

1 身近な生物の観察

確認問題 ——————— 4ページ

1 ① レボルバー ② 対物レンズ
③ ステージ ④ しぼり
⑤ 反射鏡 ⑥ 接眼レンズ
⑦ 鏡筒 ⑧ 調節ねじ

2 ① ミカヅキモ ② ミジンコ

練習問題 ——————— 5ページ

1 (1) 低倍率 (2) D, E
(3) ① ア ② イ
(4) ゾウリムシ (5) 150 (倍)

2 (1) イ (2) ア

練習問題の解説

1 (3) 接眼レンズをのぞきながらステージを動か
すと, 対物レンズとカバーガラスが当たって,
カバーガラスが割れてしまうおそれがある。
まず, 対物レンズとプレパラートをできるだ
け近づけておき, 接眼レンズをのぞきながら
プレパラートと対物レンズを遠ざけていく。

(5) 顕微鏡の倍率は, 接眼レンズの倍率×対物
レンズの倍率である。
よって, 15 × 10 = 150〔倍〕

2 (1) 観察するものが動かせるときは, ルーペは
目に近づけたまま, 観察するものを動かして
ピントを合わせる。

(2) スケッチするときは, 細い線で, 目的とす
るものだけをかく。影をつけたり, 重ねがき
したりしない。

2 花のつくり（アブラナ）

確認問題 ——————— 6ページ

1 ① やく ② おしべ
③ 子房 ④ がく
⑤ 柱頭 ⑥ 花弁
⑦ めしべ ⑧ 胚珠

2 ① 受粉 ② 果実
③ 種子

練習問題 ——————— 7ページ

1 (1) C (2) やく
(3) 柱頭 (4) A
(5) D

2 (1) A（→）C（→）D（→）B
(2) 種子
(3) 花粉がめしべの柱頭につくこと。

練習問題の解説

1 (1)(2) 花粉はおしべの先のやく（C）という袋
に入っている。

(3) 花粉がめしべの柱頭（B）につくことを受
粉という。

(4)(5) 受粉したあと, 子房（A）は果実になり,
胚珠（D）は種子になる。

2 (1) アブラナでは, 花の中心から順に, めしべ
（A）が1本, おしべ（C）が6本, 花弁（D）
が4枚, がく（B）が4枚ある。

(2) Pは胚珠である。受粉すると, 子房は果実
に, 胚珠は種子になる。

3 花のつくり（マツ）

確認問題 ——————— 8ページ

1 ① 雌花 ② ない
③ 子房 ④ 胚珠
⑤ 花粉のう

2 (1) 裸子植物 (2) 被子植物

練習問題 ——————— 9ページ

1 (1) X (2) B
(3) C 胚珠 D 花粉のう
(4) 種子 (5) c

2 (1) 種子植物 (2) ア, エ
(3) 子房がなく, 胚珠がむき出しになっ
ている。

1 (3) Cは胚珠で、雌花のりん片にある。Dは花粉のうで、雄花のりん片にあり、中に花粉が入っている。

(5) 図1のD（花粉のう）は花粉が入っているところで、図2のアブラナの花では、やく（c）に花粉が入っている。

2 (1) 種子をつくってなかまをふやす植物を種子植物という。

(2) 種子植物は、被子植物と裸子植物に分類できる。被子植物は、胚珠が子房に包まれている植物のなかまである。スギ（イ）、イチョウ（ウ）、マツ（オ）は子房がなく、胚珠がむき出しの裸子植物である。

4　根と茎のつくり

確認問題 ——————————— 10 ページ

1 ① 主根　② 側根
　　③ ひげ根

2 ① 根毛　② 道管
　　③ 師管　④ 維管束

練習問題 ——————————— 11 ページ

1 (1) ひげ根
(2) b 主根　　　c 側根
(3) X
(4) 土とふれる表面積が大きくなり、水や水にとけた養分を吸収しやすくなる。

2 (1) A 道管　　　B 師管
(2) B　(3) A
(4) 維管束　(5) ア, エ

練習問題の解説

1 (1) 太い根がなく、たくさんの細い根が広がっている根をひげ根（a）という。

(2) 太い根の主根（b）から、細い根の側根（c）が枝分かれしている。

(3) トウモロコシの根はひげ根である。

(4) 根の先端に根毛があることによって、土とふれる表面積が大きくなり、効率よく水や水にとけた養分を吸収することができる。

2 (3) 根で吸収された水や水にとけた養分が通る管は道管である。道管は、双子葉類、単子葉類とも、師管よりも茎の中心側にある。

(5) ユリ、トウモロコシ、イネ、ススキなどの茎の維管束は散らばっているが、ホウセンカ、アブラナ、エンドウ、アサガオなどの茎の維管束は輪のように並んでいる。

5　葉のつくり

確認問題 ——————————— 12 ページ

1 ① 葉脈　　　② 道管
③ 師管（②③順不同）
④ 網状　　　⑤ 平行
⑥ 細胞　　　⑦ 葉緑体
⑧ 気孔　　　⑨ 蒸散

練習問題 ——————————— 13 ページ

1 (1) 細胞　(2) 道管
(3) 葉でつくられた栄養分が通る。
(4) 気孔　(5) 葉緑体
(6) 葉脈

2 (1) 平行脈　(2) 網状脈
(3) イ, エ

練習問題の解説

1 (2)(3) 根で吸収した水や水にとけた養分を運ぶ道管は、葉の表側を通っている。葉でできた栄養分を運ぶ師管は葉の裏側を通っている。

(4) 葉の表皮にある、三日月形の孔辺細胞に囲まれたすきまを気孔という。

(5) 葉の細胞の中には、葉緑体という緑色の粒がある。

2 (3) トウモロコシ（イ）やツユクサ（エ）の葉脈は平行脈である。また、サクラ（ア）やホウセンカ（ウ）の葉脈は網状脈である。

6　種子植物

確認問題 ——————————— 14 ページ

1 ① 被子植物　　　② 裸子植物
③ 単子葉類　　　④ 合弁花類

2 ① 1　　　② 網状
③ 輪状　　　④ くっついて

左段：

練習問題 ——————— 15ページ

1 (1) X 裸子植物　　　Y 双子葉類
　 (2) 胚珠　　(3) イ
　 (4) ① C　② A

2 (1) ウ
　 (2) 花弁が1枚1枚離れている。

練習問題の解説

1 (1)(2) 種子植物は，胚珠が子房に包まれている
　　　かいないかによって，被子植物と裸子植物に
　　　分類できる。Xは裸子植物で，子房がなく胚
　　　珠がむき出しである。Yは双子葉類で，花弁
　　　がくっついているか離れているかによって，
　　　合弁花類と離弁花類に分類される。
　 (3) 被子植物は子葉が2枚か1枚かによって，
　　　双子葉類と単子葉類に分類される。単子葉類
　　　の根はひげ根で，葉脈は平行脈である。
　 (4) ① 花弁がくっついている植物を合弁花類
　　　といい，アサガオ，ツツジ，タンポポ，キク
　　　などがある。また，花弁が1枚1枚離れてい
　　　る植物を離弁花類といい，アブラナ，エンド
　　　ウ，サクラ，バラなどがある。
　　　② イチョウやマツ，ソテツなどは裸子植物
　　　のなかまである。

2 (1) 種子植物のうち，胚珠が子房に包まれている
　　　ものを被子植物，胚珠がむき出しのものを裸子
　　　植物という。光合成を行う，胚珠が種子になる
　　　などの特徴は，すべての種子植物に共通する特
　　　徴である。
　 (2) 双子葉類は，サクラのように花弁が1枚1
　　　枚離れている離弁花類と，ツツジのように花
　　　弁がくっついている合弁花類に分類される。

7 種子をつくらない植物

確認問題 ——————— 16ページ

1 ① 胞子　　② 根・茎・葉
　 ③ 雌　　　④ 仮根
2 (1) 胞子のう　　(2) シダ植物
　 (3) 表面

練習問題 ——————— 17ページ

1 (1) B　　　(2) イ
　 (3) X 胞子のう　　Y 胞子

右段：

　 (4) エ
2 (1) B　　(2) ア，イ
　 (3) 仮根
　 (4) からだを地面に固定させる役目

練習問題の解説

1 (1) イヌワラビは土の中に茎（B）と根（C）
　　　があり，地上に出ている部分は葉（A）である。
　 (2)(3) イヌワラビの葉の裏側に胞子のう（X）
　　　がついており，その中に胞子（Y）が入って
　　　いる。
　 (4) ゼニゴケ（ア）はコケ植物，スギ（イ）は
　　　裸子植物，イネ（ウ）は被子植物の単子葉類
　　　のなかまである。

2 (1) Aは雄株，Bは雌株で，胞子は雌株の胞子
　　　のうでつくられる。
　 (2) コケ植物は，葉緑体をもち，光合成を行う
　　　が，根・茎・葉の区別がなく維管束をもたな
　　　いため，根ではなくからだ全体から水をとり
　　　入れる。
　 (3)(4) 仮根（X）には，水をとり入れるはたら
　　　きはなく，地面にからだを固定するためのつ
　　　くりである。

8 植物のなかま分け

確認問題 ——————— 18ページ

1 ① 種子　　② 被子　　③ 裸子
　 ④ 双子葉　⑤ 単子葉　⑥ 合弁花
　 ⑦ 離弁花
2 ① 胞子　　② シダ

練習問題 ——————— 19ページ

1 (1) 被子植物は胚珠が子房に包まれてお
　　　り，裸子植物は包まれていない。
　 (2) ア，ウ，エ
　 (3) （アサガオ）合弁花類
　　　（サクラ）離弁花類
　 (4) （アサガオ）イ，ウ　（サクラ）ア，エ
2 (1) 単子葉類
　 (2) シダ植物

練習問題の解説

1 (3) 双子葉類は花弁のつき方でさらに2つのな
　　　かまに分けられる。花弁がくっついているの

が合弁花類，離れているのが，離弁花類である。

2 (1) 単子葉類は根がひげ根，茎の維管束は散在
しており，葉は平行脈である。

(2) シダ植物は，根・茎・葉の区別があり，維
管束がある。

9 動物の生活と体のつくり

確認問題 ──────── 20 ページ

1 ① 犬歯　　② 門歯
　③ 臼歯　　④ 水中
　⑤ えら　　⑥ 陸上
　⑦ 肺　　　⑧ 無脊椎動物

練習問題 ──────── 21 ページ

1 (1) ア
　(2) 生活場所が水中から陸上になり，呼
吸方法がえらと皮ふから肺と皮ふにな
る。
　(3) 背骨
2 (1) A，B，F　　(2) 節足動物
　(3) C，D

練習問題の解説

1 (2) カエルのように，子と親で生活場所や呼吸
方法が変化する脊椎動物を両生類といい，ほ
かにイモリなどがふくまれる。

2 (3) タコやアサリのように内臓が外とう膜でお
おわれている無脊椎動物を，軟体動物という。

1 物質の分類

確認問題 ——————— 22 ページ

1 ① 有機物　② 無機物
③ 金属　④ 電気
⑤ 非金属　⑥ アルミ缶

練習問題 ——————— 23 ページ

1 (1) 水（水滴）　(2) 白くにごった。
(3) 二酸化炭素　(4) 有機物
(5) 酸素, 食塩, 水

2 エ

練習問題の解説

1 (1) 木片などの有機物の多くは炭素とともに水素もふくんでいるため, 燃えると水ができる。
(2)(3)(4) 木片は炭素をふくむため, 二酸化炭素を出しながら燃え, 燃えたあとは炭になる。二酸化炭素が発生するため, 石灰水は白くにごる。
(5) エタノール, 砂糖, プラスチック, プロパン, 紙, ろうは, 炭素をふくみ, 燃えると二酸化炭素が発生する有機物である。

2 磁石につくのは, 鉄やニッケルなど一部の金属がもつ特有の性質である。アルミニウム, 金, 銀, 銅など, 磁石につかない金属もある。

2 重さ・体積と物質の区別

確認問題 ——————— 24 ページ

1 ① 密度　② g/cm³
③ 物質の質量　④ 物質の体積

2 (1) 0.4（g/cm³）　(2) 135（g）
(3) 沈む。

練習問題 ——————— 25 ページ

1 (1) A　1.3g/cm³　　B　0.7g/cm³
(2) ウ

2 (1) 8.96g/cm³　　(2) 銅
(3) ポリプロピレン　(4) エ

3 ア

練習問題の解説

1 (1) 密度は, 質量〔g〕÷体積〔cm³〕で求められる。

Aは, 130〔g〕÷100〔cm³〕＝1.3〔g/cm³〕
Bは, 140〔g〕÷200〔cm³〕＝0.7〔g/cm³〕

2 (1)(2)　62.7〔g〕÷7.0〔cm³〕＝8.957…〔g/cm³〕
となり, 銅が最も値が近い。
(3) 水より密度が小さいものは水に浮く。
(4) 水銀より密度の大きいものは水銀に沈む。よって, 13.55g/cm³ よりも密度の大きいものを選べばよい。

3 同じ体積で比べたとき, 質量が小さい方が密度が小さく, 同じ質量で比べたとき, 体積が大きい方が密度が小さい。また, 液体に浮く物質の密度は, その液体の密度より小さい。

3 実験器具の使い方

確認問題 ——————— 26 ページ

1 ① 空気調節ねじ　② ガス調節ねじ

2 ① 空気調節　② ガス調節
③ $\frac{1}{10}$

練習問題 ——————— 27 ページ

1 (1) エ(→)オ(→)ア(→)ウ(→)イ
(2) イ(→)ウ(→)ア
(3) ウ　　(4) 空気

2 (1) B　　(2) 64.5（cm³）

練習問題の解説

1 (1) ガスバーナーに火をつけるときは, 以下の順に操作する。①ガス調節ねじと空気調節ねじがしまっているかを確認する。②元栓を開く。③マッチに火をつけ, ガス調節ねじを開いて点火する。④ガス調節ねじで炎の大きさを調整する。⑤空気調節ねじを開き, 炎の色を青色にする。
(2) ガスバーナーの火を消すときは, 火をつけるときと逆に, 空気調節ねじ, ガス調節ねじ, 元栓の順に閉じる。
(3)(4) ガスバーナーの炎の色がオレンジ色のときは, 空気の量が不足している。ガス調節ねじ（b）をおさえて, 空気調節ねじ（a）をAの方向に回してゆるめる。

2 (1) メスシリンダーの目盛りを読むときは, 目を水面と同じ高さにして, 水面の中央の平らなところを読む。

(2) 目分量で最小目盛りの$\frac{1}{10}$まで読む。

4 気体の集め方と性質

確認問題 ──────── 28 ページ

1 (1) 水上置換(法)　(2) 上方置換(法)
(3) 下方置換(法)

2 ① 軽　　② やすい　　③ 重
④ 石灰水　⑤ 軽
⑥ にくい　⑦ 水

練習問題 ──────── 29 ページ

1 (1) 水上置換(法)
(2) 水にとけにくい気体
(3) 上方置換(法)
(4) 水にとけやすい。空気よりも軽い。
(5) 下方置換(法)
(6) 空気より重い。水にとけやすい。
(7) 水素　A　　酸素　A
アンモニア　B

2 エ

練習問題の解説

1 (1)(2)　Aの集め方を水上置換(法)といい, 水にとけにくい気体を集めるときに用いる。ただし, 二酸化炭素のように, 少し水にとける性質の気体を集めるときに用いられることもある。
(3)(4)　Bの集め方を上方置換(法)といい, 水によくとけ, 空気よりも軽い気体を集めるときに用いる。
(5)(6)　Cの集め方を下方置換(法)といい, 水によくとけ, 空気よりも重い気体を集めるときに用いる。
(7)　水素と酸素は水にとけにくいので, 水上置換(法)で集める。アンモニアは水にとけやすく, 空気より軽いので, 上方置換(法)で集める。

2 ア　アンモニアは刺激臭をもつ。
イ　水素は無臭である。
ウ　二酸化炭素は空気よりも重い。

5 いろいろな気体の発生

確認問題 ──────── 30 ページ

1 ① 二酸化炭素
② うすい過酸化水素水(オキシドール)

③ うすい塩酸　　　④ アンモニア

2 ① うすい過酸化水素水(オキシドール)
② 二酸化マンガン

練習問題 ──────── 31 ページ

1 (1) A　うすい過酸化水素水(オキシドール)
B　二酸化マンガン
(2) エ　　　(3) イ

2 (1) 二酸化炭素　　(2) エ
(3) 石灰水に通すと白くにごる。

練習問題の解説

1 (1)　うすい過酸化水素水(オキシドール)を二酸化マンガンに加えると, 酸素が発生する。
(2)　酸素には, ものを燃やすはたらきがある。
(3)　亜鉛などの金属にうすい塩酸を加えると水素が発生する。

2 (1)　石灰石に, うすい塩酸を加えると二酸化炭素が発生する。
(2)　二酸化炭素は, 無色無臭で空気よりも重い。
(3)　二酸化炭素は, 石灰水に通すと白くにごる。

6 水溶液の性質

確認問題 ──────── 32 ページ

1 ① 溶液　　② 水溶液
③ 溶質　　④ 溶媒
⑤ 溶質　　⑥ 溶媒
⑦ 水溶液(溶液)

2 ① 粒子(粒)　　　　② 同じ

練習問題 ──────── 33 ページ

1 (1) 溶媒　　(2) 溶質
(3) ウ　　(4) ア
(5) ア

練習問題の解説

1 (1)(2)　とけている物質を溶質, 溶質をとかしている液体を溶媒, 物質がとけている液全体を溶液という。溶媒が水の場合, 特に水溶液という。
(3)(4)　砂糖を水の中に入れると, 水が砂糖の粒子と粒子の間に入りこむ。水の中の砂糖はくずれて細かくなり, 顕微鏡でも見えないほど

の小さな粒子になる。砂糖がすべてとけると，どの部分も濃さは同じになり，時間がたっても，液の下のほうが濃くなることはない。

(5) 水溶液の濃さはどこでも同じで，透明である。水溶液には色がついているものもあるが，にごっているものはない。

7 質量パーセント濃度

確認問題 ──────── 34 ページ

1 ① 溶質
   ② 質量パーセント濃度
   ③ 溶質　④ 溶液
   ⑤ 溶質
   ⑥ 溶媒（溶質）
   ⑦ 溶質（溶媒）

2 (1) 10（%）　(2) 2.4（g）

練習問題 ──────── 35 ページ

1 (1) 15（%）　　(2) 16（%）
   (3) 20（%）　　(4) 37.5（%）
   (5) 12.5（%）　(6) 10（g）
   (7) 6.5（g）

2 (1) 150（g）　　(2) 25（%）
   (3) 300（g）

練習問題の解説

1 (1) $\dfrac{15}{85+15}\times100=15〔\%〕$

   (2) $\dfrac{40}{210+40}\times100=16〔\%〕$

   (3) $\dfrac{100}{400+100}\times100=20〔\%〕$

   (4) $\dfrac{60}{100+60}\times100=37.5〔\%〕$

   (5) $\dfrac{60}{420+60}\times100=12.5〔\%〕$

   (6) $250\times\dfrac{4}{100}=10〔g〕$

   (7) $260\times\dfrac{25}{100}=6.5〔g〕$

2 (1) $200〔g〕-50〔g〕=150〔g〕$

   (2) $\dfrac{50}{200}\times100=25〔\%〕$

   (3) 砂糖が50gがとけた10%の砂糖水の質量は，
   $50〔g〕\div\dfrac{10}{100}=500〔g〕$
   よって，加える水の質量は，
   $500〔g〕-200〔g〕=300〔g〕$

8 溶質のとり出し方

確認問題 ──────── 36 ページ

1 ① 飽和水溶液　② 溶解度
   ③ 結晶　　　　④ 再結晶
   ⑤ ろ過　　　　⑥ 長い

練習問題 ──────── 37 ページ

1 (1) ア　　　　(2) 塩化ナトリウム
   (3) 硫酸銅　　(4) 水の温度を上げる。
   (5) ミョウバン

2 (1) 16.3（g）　(2) 18.4（g）

練習問題の解説

1 (1) 水の温度が上がると，どの物質も100gの水にとける量は大きくなることが，グラフから読み取れる。このグラフの多くの物質は，水の温度が上がると溶解度が大きくなるという性質をもっている。

   (2) グラフより，塩化ナトリウムの溶解度は，あまり変わらないことがわかる。

   (3) グラフより，60℃でホウ酸は約15g，塩化ナトリウムは約38g，ミョウバンは約59g，硫酸銅は約80gとける。

   (4) ミョウバンが水にとける質量は，水の温度を上げると増える。

   (5) 60℃と40℃で溶解度の差が大きいほど，結晶として出てくる質量が大きくなる。

2 (1)(2) あと何gとけるかは，その温度での（溶解度）－（溶質の質量）で求められる。
   また，何gの結晶が出てくるかは，（溶質の質量）－（その温度での溶解度）で求められる。

9 状態変化と温度

確認問題 ──────── 38 ページ

1 ① 固体　② 液体
   ③ 気体

2 ① 融点　② 0
   ③ 沸点　④ 100

練習問題 ──────── 39 ページ

1 (1) 液体　(2) B
   (3) C　　(4) イ

2 (1) 融点　　(2) 沸点
　(3) ウ　　(4) ア

練習問題の解説
1 (1) Bは固体，Cは気体である。
　(2) 気体のように粒子どうしが離れている状態
　　　が，最も密度が小さい。

10　混合物の分け方

確認問題 ———————— 40ページ

1 ① 純粋な物質（純物質）
　② 混合物
　③ 蒸留　　④ エタノール
　⑤ 水平

練習問題 ———————— 41ページ

1 ア, エ, ク
2 (1) 沸とう石
　(2) 蒸留
　(3) 沸点　　(4) A
　(5) 液体をろ紙にひたして燃えるかどう
　　　か調べる。（においをかぐ。）

練習問題の解説
1 1種類の物質だけでできているものを，純粋な
　物質または純物質という。また，2種類以上の
　物質が混じり合ってできたものを混合物という。
2 (1) 液体を加熱する実験を行うときには，急に
　　　沸とうしないように沸とう石を入れる。
　(2) 液体を加熱して沸とうさせ，出てくる気体
　　　を再び液体として集める方法を蒸留をいう。
　(3) エタノールの沸点は78℃，水の沸点は
　　　100℃である。このように，水とエタノール
　　　は沸点が異なるため，蒸留により分離するこ
　　　とができる。
　(4) エタノールと水の混合物を加熱すると，沸
　　　点の低いエタノールが先に沸とうして試験管
　　　に液体として集まる。よって，試験管Aの液
　　　体が最もエタノールを多くふくむ。
　(5) 集まった液体にマッチの火を近づけたり，
　　　においをかいだりしてもよい。

第3章　光・音・力

1　光の性質

確認問題 ──────── 42 ページ

1 ① 入射角　　　② 反射角
　 ③ 入射角　　　④ 屈折角
　 ⑤ 屈折角　　　⑥ 入射角

練習問題 ──────── 43 ページ

1 (1) （光の）反射　(2) 等しい。
　(3) （光の）屈折　(4) ア
　(5) 全反射
2 (1) C　　　(2) A
3 イ，ウ

練習問題の解説

1 (2) 光が鏡の面で反射するとき，入射角と反射
　　　角は等しくなる。これを反射の法則という。
　(4) 光が空気中から水中やガラス中へ進むとき，
　　　入射角のほうが屈折角よりも大きい。しかし，
　　　光が水中やガラス中から空気中へ出るときは，
　　　屈折角のほうが入射角よりも大きい。
　(5) 光が水中やガラス中から空気中へ進むとき，
　　　入射角が大きくなると，光は空気中へ出てい
　　　かずにすべて水面で反射する。これを全反射
　　　という。光ファイバーは，全反射を利用した
　　　ものである。
2 (1)(2) 水中から出た光は，水面に近づくように
　　　屈折して空気中へ出ていく。光源アから出
　　　た光は空気中へ出ていかず全反射する（C）。
　　　光源イから出た光はB，ウから出た光はA
　　　の方向に進む。
3 アは光の直進，エは光の反射による現象である。

2　凸レンズと像

確認問題 ──────── 44 ページ

1 ① 焦点　　　　② 焦点距離
　 ③ 実像　　　　④ 虚像

練習問題 ──────── 45 ページ

1 (1) 10(cm)　　(2) イ
2 ① イ　　　　② ウ
　③ ア
3 (1) 実像　　　(2) 虚像

(3) ① 実像
　 ② 同じ大きさになる。

練習問題の解説

1 (1) 凸レンズで，光が屈折して集まる点を焦点
　　　といい，レンズの中心から焦点までの距離を
　　　焦点距離という。
2 ①の光軸に平行に進んだ光は，凸レンズを通っ
　　たあと反対側の焦点を通る。また，②の凸レン
　　ズの中心を通った光は，そのまままっすぐに進
　　む。③の焦点を通ってから凸レンズを通った光
　　は，光軸に平行に進む。
3 (1)(2) 物体が焦点の外側にあるときは，スク
　　　リーンに像がうつる。これを実像という。物
　　　体が焦点の内側にあるときはスクリーンに像
　　　はうつらず，スクリーン側から凸レンズをの
　　　ぞくと虚像が見える。ルーペでものを拡大し
　　　たときに見えるのは，この虚像である。
　(3) 物体が焦点距離の2倍の位置にあるとき，
　　　凸レンズの反対側の焦点距離の2倍の位置に
　　　実像ができる。また，このときの実像の大き
　　　さは物体と同じである。

3　音が発生するしくみ

確認問題 ──────── 46 ページ

1 ① ゆれ（振動）
　 ② 膨張　③ 収縮　（②③順不同）
　 ④ 波

練習問題 ──────── 47 ページ

1 (1) ① ウ　物体のゆれによる音
　　　② イ　空気の流れによる音
　　　　　（物体の急速な移動による音）
　　　③ ア　空気の膨張，収縮による音
　(2) 空気
2 (1) おんさ　モノコード
　(2) オシロスコープ
　(3) 音の大小や高低

練習問題の解説

1 (1) ①では物体がゆれて音が発生している。②，
　　　③では空気がゆれて音が発生している。
2 (3) オシロスコープの画面で確認できる振動の
　　　幅や振動の回数で，音の大小や高低が確認できる。

9

確認問題 ——————————— 48 ページ

1　① 振動　　　　　② 波
　　③ 気体　　　　　④ 固体
　　⑤ 液体(④⑤順不同)
　　⑥ 真空

2　(1)　340(m/s)　　(2)　2720(m)
　　(3)　850(m)

練習問題 ——————————— 49 ページ

1　(1)　音源(発音体)　(2)　ア, エ
　　(3)　鳴りだす。
　　(4)　① イ　　　　② 空気

2　(1)　イ　　　　(2)　1.19(km)

練習問題の解説

1　(2)　音は, 気体, 液体, 固体のいずれの中も波
　　として伝わる。音の伝わる速さは, 固体の中
　　が最も速く, 液体, 気体の順におそくなる。
　　鉄の中を音が伝わる速さは約 5120m/s, 水
　　の中は約 1500m/s, 空気中は約 340m/s で
　　ある。
　(3)　同じ高さの音を出す音さを 2 つ並べて, 一
　　方の音さをたたいて鳴らすと, もう一方の音
　　さも鳴りだす。音さは, それぞれ出す音の高
　　さが決まっていて, それと同じ高さの音の振
　　動が伝わると, 振動して音が鳴る。
　(4)　真空ポンプで空気をぬくと, 真空に近くな
　　るため, ブザーの音は外部に聞こえにくくな
　　る。これより, 空気が音を伝えることがわか
　　る。

2　(2)　340(m/s)×3.5(s)＝1190(m)より,
　　1.19km

確認問題 ——————————— 50 ページ

1　① 大き(な音)　② 振幅(が大きい)
　　③ 小さ(な音)　④ 振幅(が小さい)
　　⑤ 高(い音)　　⑥ 振動数(が多い)
　　⑦ 低(い音)　　⑧ 振動数(が少ない)
　　⑨ 振幅

練習問題 ——————————— 51 ページ

1　(1)　振幅　　　　(2)　大きくなる。
　　(3)　振動数　　　(4)　高くなる。
　　(5)　Hz　　　　　(6)　150(Hz)
　　(7)　① 短い　　　② 細い
　　　　③ 強

2　(1)　C　　　(2)　B
　　(3)　A

練習問題の解説

1　(1)～(4)　音の大きさは振幅によって決まり, 振
　　幅が大きいほど音は大きい。また, 音の高さ
　　は振動数によって決まり, 振動数が多いほど
　　音は高い。
　(5)　物体が 1 秒間に振動する回数を振動数とい
　　い, 単位は Hz(ヘルツ) で表す。
　(6)　450 ÷ 3 = 150 〔Hz〕
　(7)　モノコードでは, 弦の長さが短いほど, 弦
　　の太さが細いほど, 弦を強くはるほど, 振動
　　数が多くなり, 音は高くなる。

2　(1)　弦の太さを細くすると, 振動数が多くなる
　　ので, 波の数が多いものを選ぶ。
　(2)　弦を強くはじくと, 振幅が大きくなるので,
　　振動の幅が大きいものを選ぶ。
　(3)　弦をはじく部分を長くすると, 振動数が少
　　なくなるので, 波の数が少ないものを選ぶ。

確認問題 ——————————— 52 ページ

1　① 変形　　　　　② 支える
　　③ 動き　　　　　④ (力の)作用点
　　⑤ 力の向き　　　⑥ 力の大きさ
　　⑦ 重さ　　　　　⑧ N(ニュートン)
　　⑨ 質量　　　　　⑩ kg
　　⑪ g　　　　　　　　　(⑩⑪順不同)

練習問題 ——————————— 53 ページ

1　① イ, ウ　　　　② ア
　　③ エ, オ

2　(1)　作用点　　　(2)　大きさ
　　(3)　向き

3　(1)　まさつ力　　(2)　弾性力

(3) 重力

4 ウ

練習問題の解説

1 バッグを手に持つというのは, バッグという物体を落ちないように手で支えていることである。テニスボールを押すとへこむ, 手でばねをのばすのは, 物体を変形させている。ボールを打ち返すのは物体の動く向きを変えていることで, ボールをミットで受けるのはボールの速さを変えていることになる。

3 (1) ふれ合っている物体の間には, 物体の動きをさまたげようとする力が生じる。これをまさつ力という。

(2) 変形した物体がもとにもどろうとする性質を弾性といい, 弾性によって生じる力を弾性力という。

(3) 地球や月などが物体を引っぱる力を重力という。重力の大きさは物体の質量に比例する。物体が地球や月と離れていても, 接しているときと同じ大きさ, 同じ向きの重力がはたらく。月の重力は地球の重力の約6分の1である。

4 物体にはたらく重力の大きさを重さといい(イ), 地球上と月面上では, 物体の重さは変わるが, 質量は変わらない(ア)。また, 重さはばねばかりで, 質量は上皿てんびんではかる(エ)。

7 力のはかり方・ばね

確認問題 ──────── 54 ページ

1 ① ニュートン　② N
③ 1N　④ 比例
⑤ フック　⑥ 8
⑦ 12

2 ① 0　② 2
③ 4　④ 6
⑤ 8

練習問題 ──────── 55 ページ

1 (1) ① 0　② 0.9
③ 1.8　④ 2.7
⑤ 3.6　⑥ 4.5
⑦ 5.4

(2)

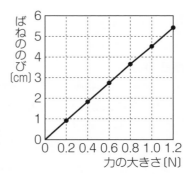

(3) 2倍, 3倍…となる。

(4) 比例(関係)

(5) フック(の法則)

2 (1) 1.8(N)　(2) 0.6(N)

(3) 2.4(N)

(4) ① 0　② 0.6
③ 2　④ 1.8
⑤ 4

練習問題の解説

1 ばねに加える力を, 2倍, 3倍にすると, ばねののびも2倍, 3倍となる。つまり, ばねに加える力とばねののびには比例関係がある。この法則をフックの法則という。

2 (1) 180÷100＝1.8より, 1.8Nである。

(2) 180gの力を加えたら, 3cmのびた。フックの法則より, ばねに加えた力とばねののびは比例するので, 1cmのばすためには, 180÷3＝60〔g〕の力が必要である。

(3) さらにおもりを加えたら, 4cmのびたことから, 加えたおもりの重力は, 0.6×4＝2.4〔N〕である。

8 力の表し方

確認問題 ──────── 56 ページ

1 ① 面全体　② 作用点
③ 矢印　④ 向き
⑤ 比例

練習問題 ──────── 57 ページ

1 (1) ウ→イ→エ→ア

(2) 2つ以上の力が同一直線上にあり矢印が重なると見づらくなるから。

(3) 力が全体にまんべんなくはたらいていること。

(4) 重力
2 (1) 力の大きさ　(2) ア
(3) ア　(4) 中心

練習問題の解説

1 (1) 力を見つける手順は, 以下の通りである。
どの物体にはたらく力を考えるか決める。
（ウ）→物体にはたらいている力と作用点を
見つける。（イ）→物体の動きや力のはたら
く向きを考えて, 矢印の向きを決める。（エ）
→力の大きさに, 長さが比例した矢印をかく。
（ア）
(2) 力が同一直線上に並んでいて見づらい場合,
作用点をずらすことがある。
(3) 全体に力がはたらいていない場合, 矢印で
力を表すことができない。
2 (2) 力の三要素のうち, 作用点は「・」を使っ
て表す。また, 力の大きさは矢印の長さで表
し, 力の向きは矢印の向きで表す。
(3)(4) 重力の作用点はいつも物体の中心にある
ものとして表す。

9　2力のつり合い

確認問題　──────── 58 ページ

1 ① 等しく　　　② 反対
③ 同一直線上　④ つり合って
⑤ 垂直抗力　　⑥ 反対
2 A　重力　B　垂直抗力

練習問題　──────── 59 ページ

1 (1) 垂直抗力
(2) （向き）反対　（大きさ）4.9(N)
(3)

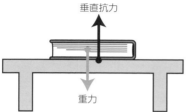

2 (1) まさつ力
(2) （大きさ）同じ　（向き）反対
3 (1) 垂直抗力
(2) 力の大きさは等しく, 向きは反対。

練習問題の解説

1 (1) 物体が動かないとき, 重力と反対向きには
たらく力を垂直抗力という。
(2) 物体が動かないとき, 物体にはたらく2力
はつり合っている。そのため, 重力と同じ大き
さで反対向きに垂直抗力がはたらく。
(3) 作用点に注意して, 重力と同じ大きさで, 反
対向きにかく。
2 (1) 物体が引っ張られているとき, 物体を引っ
張る力と反対向きにはたらく力をまさつ力と
いう。
(2) 物体が動かないとき, 2力はつり合ってい
る。そのため, 物体を引っ張る力と同じ大きさ
で反対向きにまさつ力がはたらく。
3 床の上に物体を置いたとき, 重力も垂直抗力も
物体に対してはたらく。また力を作図する場合,
重力は物体の中心から真下に, 垂直抗力は床を
始点に真上に重力と同じ長さの矢印で表す。

1　大地を伝わる地震のゆれ

確認問題　──────── 60 ページ

1　① 初期微動　② P
　　③ 主要動　　④ S
　　⑤ 初期微動継続時間
2　① 震央　② 震源

練習問題　──────── 61 ページ

1　(1) ウ　　(2) 波
　　(3) A　震源　B　震央
2　(1) 初期微動, P波　(2) 主要動, S波
　　(3) 初期微動継続時間
　　(4) 160(km)

練習問題の解説

1　(1) P波, S波の速度はそれぞれ一定である。
　　(3) 地震が発生した地球内部の場所を震源という。地震が発生すると, 地震波は震源から同心円状に広がっていく。
2　(1)～(3) はじめの小さなゆれを初期微動といい, P波が起こす。また, あとからくる大きなゆれを主要動といいS波が起こす。P波が到着してからS波が到着するまでの時間を初期微動継続時間という。
　　(4) P波とS波が到達する時間が20秒ちがう地点をグラフから探すと, 160kmとわかる。

2　ゆれの大きさと地震の規模

確認問題　──────── 62 ページ

1　① 震度　　② マグニチュード
　　③ M　　④ 32　⑤ 1000
　　⑥ 0　　⑦ 7　⑧ 5
　　⑨ 6(⑧⑨順不同)　⑩ 10

練習問題　──────── 63 ページ

1　(1) イ　　(2) (約)32(倍), M
　　(3) 震度, 10(段階)
　　(4) マグニチュード　(5) 5, 6
2　・ 場所により震源距離が異なるから。
　　・ 場所により土地のつくりが異なるから。

練習問題の解説

1　(1) マグニチュードは地震の規模の大きさである。そのため, マグニチュードが小さくても, 震源に近い場所では被害が大きくなることもあり, 誤っている(ア)。マグニチュードは, 1つの地震で一つの数値しかない(ウ)。しかし, 震度は震源からの距離によって, 場所ごとにちがう数値になる(イ)。震源から遠いほど, 震度が小さくなることが多い。震源からの距離が等しくても, 岩盤の強度のちがいなどで震度が違うこともある(エ)。
　　(2) マグニチュードの数値が1上がると, エネルギーは約32倍になる。
　　(3) 地震によるゆれの大きさを震度という。震度は, 地域によって異なり, 日本では10段階の数値で表される。
　　(4) マグニチュードがエネルギーの指標である。
　　(5) 5と6だけ, 5弱, 5強, 6弱, 6強に分けられている。

3　地震が起こるしくみ

確認問題　──────── 64 ページ

1　① 海溝　　② 海洋
　　③ 大陸　　④ 断層
　　⑤ 活断層
　　⑥ 海岸段丘

練習問題　──────── 65 ページ

1　(1) A　大陸
　　　　B　海洋
　　(2) a
　　(3) イ
　　(4) ア
2　(1) 断層
　　(2) 隆起

練習問題の解説

1　(3)(4) 太平洋の方から動いてきた海洋プレートが, 大陸プレートのななめ下に沈み込んで, 大陸プレートがひずむ。すると, ひずみに耐えきれなくなった大陸プレートが反発し, 地震がおこる。
2　(1) 大地に力が加わり, 割れてできたずれを断

層という。

(2) 大規模な地震が起こり, 大地がもち上がる
ことを隆起, 大地が沈むことを沈降という。

4　地震による災害

確認問題 ──────────── 66 ページ

1 (1)　建物の倒壊　地割れ　など
(2)　津波　火災　など

2 ①　P　　　　　　　②　S(①②順不同)
③　速さ

練習問題 ──────────── 67 ページ

1 震央が海域にあり, 震源が浅い地震。

2 (1)　P波　秒速6km　S波　秒速3km
(2)　7時3分32秒
(3)　32秒

3 イ, エ

練習問題の解説

2 (1)　震源距離が60kmの地点と90kmの地点の
震源距離の差とP波の到着時刻の差をそれぞ
れ求めると
震源距離の差　90−60 = 30 [km]
P波の到着時刻の差　47−42 = 5 [秒]
となり, 速さは距離÷時間なので
30 [km] ÷ 5 [秒] = 6 [km / 秒]となる。
S波の速さも同様に求めると
30 [km] ÷ 10 [秒] = 3 [km /秒]となる。

(2)　震源距離が60kmの地点で考える。(1)で求め
たP波の速さを用い, 震源からP波が到着する
までの時間を求めると
60 [km] ÷ 6 [km /秒] = 10[秒]となる。
よって地震発生時刻は, 60kmの地点にP波が
到着する時刻より10秒早い, 7時3分32秒とな
る。

(3)　震源距離が18kmの地点にP波が到着する
までの時間は
18 [km] ÷ 6 [km /秒] = 3 [秒]
緊急地震速報が発表されるのはこの5秒後な
ので, 地震発生から8秒後に発表されたことに
なる。
震源距離が120kmの地点にS波が到着するま
での時間を求めると

120 [km] ÷ 3 [km /秒] = 40 [秒]
よって, 緊急地震速報が発表されてから震源
距離が120kmの地点で主要動が発生するまで
の時間は40−8 = 32 [秒]

3 地震発生時にエレベーターを使ってはいけない
(ア)。避難経路を確保するため, 戸やドアは開け
る(ウ)。地震発生時に倒れやすいものに近づかな
い(オ)。

5　火山の活動

確認問題 ──────────── 68 ページ

1 ①　マグマ　　　　②　火山噴出物
③　弱い　　　　　④　強い
⑤　弱い　　　　　⑥　強い

練習問題 ──────────── 69 ページ

1 (1)　マグマ　　　(2)　溶岩
(3)　①　火山灰　②　軽石

2 (1)　C(→)B(→)A　　　(2)　C
(3)　A　　　　　　　　(4)　ウ, カ

練習問題の解説

1 (2)　マグマが地表に流れ出したものや, 流れ出
したマグマが冷えて固まったものを溶岩とい
う。

(3)①　マグマが冷えて固まったものが爆発に
よって細かく割れたもので, 直径2mm以下の
粒を火山灰という。火口から数十〜数百kmま
で運ばれることがある。
②　軽石は, 噴火によってふき出されたマグ
マが, 空気中で冷えて固まったもので, 固まる
前に火山ガス(水蒸気や二酸化炭素など)がぬ
け出るときにできた多数の穴がある。

6　火成岩

確認問題 ──────────── 70 ページ

1 ①　急に　　　　　②　火山岩
③　ゆっくり　　　④　深成岩
⑤　斑状　　　　　⑥　等粒状

2 ①　斑晶　　　　　②　石基

練習問題 ──────────── 71 ページ

1 (1)　火成岩

(2) a 石基　　b 斑晶
(3) 斑状（組織）　(4) 等粒状（組織）

2 (1) A 深成岩　B 火山岩
(2) ア　(3) ウ，エ，オ

練習問題の解説

1 (1) マグマが冷えてできた岩石を火成岩といい，そのでき方やつくりによって，深成岩と火山岩に分けられる。

(2)(3) 安山岩のように，細かい粒の部分の中に，鉱物の大きい結晶が散らばっているつくりを斑状組織といい，細かい粒の部分を石基，大きい結晶の部分を斑晶という。

(4) 花こう岩のように，ほぼ粒のそろった鉱物の大きい結晶が集まったつくりを等粒状組織という。

2 (1) Aは等粒状組織，Bは斑状組織をもつので，Aは深成岩，Bは火山岩である。

(2) 深成岩は，地下の深いところでゆっくり冷えて固まってできたものである。ゆっくりと時間をかけて固まったので，結晶がじゅうぶん成長することができる。火山岩は，地表あるいは地表付近で，急に冷えて固まってできたものである。冷え固まるまでの時間が短かいので，結晶がじゅうぶんに成長することができず，結晶になれなかった石基の部分が見られる。

(3) 流紋岩，安山岩，玄武岩は火山岩であり，花こう岩，せん緑岩，斑れい岩は深成岩である。

7 地層のでき方

確認問題 ―――― 72 ページ

1 ① 風化　② 侵食　③ 運搬
④ 堆積　⑤ れき　⑥ 砂
⑦ 泥

練習問題 ―――― 73 ページ

1 (1) 風化　(2) 侵食
(3) 運搬　(4) 堆積

2 (1) ウ　(2) 扇状地（せんじょうち）

練習問題の解説

2 (1) 実際の海でも海岸近くから，れき→砂→泥の順に堆積する。

(2) 川が山地から平野に出るところにできる扇形（おうぎがた）の地形を扇状地という。

8 堆積岩

確認問題 ―――― 74 ページ

1 ① 堆積岩　② 丸み
③ 砂　④ 石灰岩
⑤ チャート　⑥ 凝灰岩

練習問題 ―――― 75 ページ

1 (1) イ
(2) イ
(3) ① 凝灰岩
② 火山の噴火があった。

練習問題の解説

1 (1) れき岩，砂岩，泥岩は，粒の直径で区別され，粒の直径の大きいほうから順に，れき岩，砂岩，泥岩となっている。これらの堆積岩をつくる粒は，流水によってけずられ，丸みを帯びている。

(2) 石灰岩はうすい塩酸をかけると二酸化炭素を発生するが，チャートはうすい塩酸をかけても気体を発生しない。チャートは非常にかたく，ハンマーでたたくと火花が出る。

(3) 凝灰岩は，火山灰，火山れき，軽石などが堆積してできた岩石である。よって，凝灰岩の地層ができた当時，その付近で火山の噴火があったと考えられる。

9 地層の種類と化石

確認問題 ―――― 76 ページ

1 ① 柱状図　② しゅう曲
③ 示相化石　④ 浅い海
⑤ 中生代

練習問題 ―――― 77 ページ

1 (1) ① れき　② 泥　③ 砂
(2) 柱状図　(3) 泥の層

2 (1) ① 化石　② 示相化石
③ 示準化石
(2) A シジミ　B サンゴ
C アサリ

D　ナウマンゾウ

練習問題の解説

1　(3)　ふつう, ひと続きに堆積した地層では, 下に
　　　　ある層ほど古く, 上にある層ほど新しい。

2　(1)　生活する環境が限られていて, しかも生活
　　　　のようすが詳しくわかっている生物の化石は,
　　　　その地層が堆積した環境を知る手がかりにな
　　　　る。

10　地形からわかる大地の変動

確認問題 ──────────── 78 ページ

1　①　隆起　　　　　②　沈降
　　③　海洋プレート　④　海溝
　　⑤　山脈
2　①　ユーラシアプレート
　　②　北アメリカプレート
　　③　フィリピン海プレート
　　④　太平洋プレート

練習問題 ──────────── 79 ページ

1　(1)　①　大きな力がはたらいて, 大地が
　　　　　　割れてできたずれ。
　　　　②　大地がもち上がること。
　　　　③　長期間大きな力を受けた大地が,
　　　　　　波打つように曲がること。
　　(2)　a　　　(3)　ア, ウ
2　①　海溝　　　　②　海嶺

練習問題の解説

1　(1)　大地がもち上がることを隆起, 沈むことを
　　　　沈降, 波打つように曲がることをしゅう曲, 割
　　　　れてずれ動くことを断層という。
2　①　海洋プレートが大陸プレートの下に沈みこ
　　　　み, 海溝ができる。